역사를 읽으면 통찰력을 얻는다
중국역사를 읽으면 중국으로 가는 길이 보인다

21일간의 이야기만화 역사기행

만리 중국사

COMIC VERSION OF CHINESE HISTORY 35, 36, 37

Copyright ⓒ 中国美术出版社总社连环画出版社, 2011; 编绘: 孙家裕; 主笔: 欧昱荣 · 潘广维
Korean translation copyright ⓒ Korean Studies Information Co., Ltd., 2013
Korean translation rights of 《COMIC VERSION OF CHINESE HISTORY》
arranged with LIANHUANHUA PUBLISHER directly.

21일간의 이야기만화 역사기행

만리 중국사

16권 오대십국 / 송 2

초판인쇄 2014년 2월 21일
초판발행 2014년 2월 21일

글·그림 쑨자위
글 어우위룽·판광웨이
옮긴이 류방승
펴낸이 채종준
기획 권성용
편집 정지윤, 백혜림
디자인 박능원, 이효은
마케팅 송대호, 정경철, 이행은

펴낸곳 한국학술정보(주)
주소 경기도 파주시 회동길 230 (문발동 513-5)
전화 031) 908-3181(대표)
팩스 031) 908-3189
홈페이지 http://ebook.kstudy.com
전자우편 출판사업부 publish@kstudy.com
등록 제일산-115호(2000. 6. 19)

ISBN 978-89-268-5432-7 14910
       978-89-268-5416-7 14910(set)

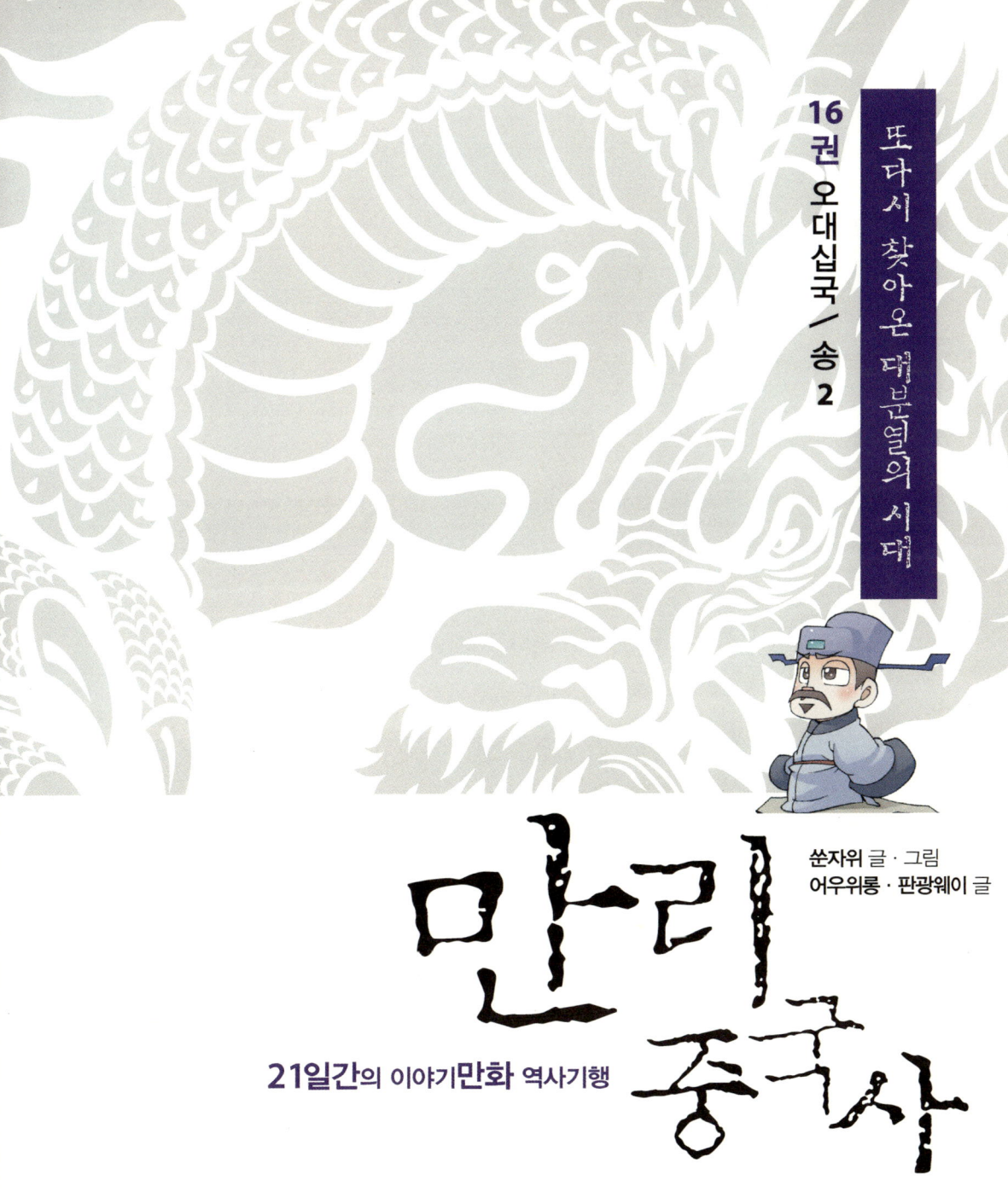

또다시 찾아온 대분열의 시대

16권 오대십국 / 송 2

쑨자위 글·그림
어우위롱·판광웨이 글

만리
21일간의 이야기만화 역사기행
중국사

이담
Books

중국은 세계 4대 문명 발상지 가운데 하나다. 중화 문명은 아득히 먼 옛날부터 수천 년 동안 전해져 내려오며 상고上古, 하夏, 상商, 주周, 춘추春秋, 전국戰國, 진秦, 서한西漢, 동한東漢, 삼국三國, 서진西晉, 동진東晉, 남북조南北朝, 수隋, 당唐, 오대십국五代十國, 송宋, 요遼, 서하西夏, 금金, 원元, 명明, 청淸 등의 역사 시대를 거쳤다.

중화 문명은 세계에서 가장 오래된 문명이자 가장 오래 지속된 문명이기도 하다. 중화 문명과 어깨를 나란히 한 문명으로는 고대 바빌론 문명, 고대 그리스 문명, 고대 이집트 문명 등이 있다. 어떤 문명은 중국보다 먼저 발생하고, 또 범위도 훨씬 넓었지만 이들은 이민족의 침입 혹은 스스로의 부패로 인해 멸망하여 결국 기나긴 역사 속에서 연기처럼 사라져 버렸다. 중국만이 세계에서 유일하게 문명 대국을 자랑하며 유구한 역사를 이어 오고 있다.

수천 년 동안 중화 민족은 무엇에도 굴하지 않는 강인한 의지와 과감한 탐구 정신, 총명한 지혜로 웅장한 역사의 장을 엶과 동시에 눈부시게 찬란한 물질문명과 정신문명을 창조했다.

이 책의 편집 제작은 정사正史를 바탕으로 진실하고 객관적인 사실을 전달하는 데 주력했다. 또한 역사를 만화 형식으로 풀어 씀으로써 독자들이 아름답고 다채로우며 생동감 넘치는 장면을 느끼리라 기대한다. 독자 여러분들이 쉽고 재미있게 읽는 가운데 역사를 직접 느끼고 역사에 융화되어 깨닫는 바가 있기를 바란다.

지롄하이紀連海
중국 CCTV '백가강단百家講壇' 강사

또다시 찾아온
대분열의 시대

당 말기에 이르러 번진 할거와 환관의 전횡, 붕당 정쟁으로 당의 통치력이 크게 약화되었다. 907년에 주온朱溫이 당의 황제를 축출하고 양나라를 건립함으로써 중국 역사는 오대십국五代十國 시기로 접어들었다. 오대십국은 당과 송 사이에 60년간 존재했던 짧은 과도기이다. 오대는 후량後梁, 후당後唐, 후진後晉, 후한後漢, 후주後周를 가리키고, 십국은 오대와 동시에 혹은 이어서 출현했던 비교적 큰 10개 세력을 말한다. 십국에는 전촉前蜀, 후촉後蜀, 오吳, 남당南唐, 오월吳越, 민閩, 초楚, 남한南漢, 남평南平, 북한北漢이 속한다.

이 시기에는 이후 수백 년간 중국 역사에 지대한 영향을 미친 사건이 일어났다. 후당의 장수 석경당石敬瑭은 거란의 도움을 받아 후당을 멸하고 후진을 건립했다. 그 대가로 그가 거란에 연운燕雲 16주를 떼어주면서 중국 북부의 병풍이 고스란히 유목민족의 손에 넘어갔다. 이후 중원 정권은 유목민족의 위협에 노출돼 북송과 남송이 멸망하는 결과를 초래했다.

960년, 송 태조 조광윤趙匡胤이 북송(北宋, 960~1127년)을 건국하면서 당 말기 이래로 사분오열된 국면을 다시 통일했다. 북송은 이런 분열 현상을 타산지석으로 삼아 과거제를 매개로 한 문치주의 정책을 강력히 실시함으로써 황제의 권한을 안정시키고 사대부 사회를 형성했다. 그러나 성공적인 대내 정책과 달리 대외 정책에서는 북방 이민족인 요, 서하, 금에게 시종 열세를 면치 못하면서 침공에 시달렸다.

1127년, 여진족은 송나라의 심각한 내부 위기를 틈타 변량으로 쳐들어가 휘종, 흠종 두 황제를 포로로 잡았다. 이 사건이 그 유명한 '정강靖康의 변'이다. 북송은 마침내 금에게 멸망하고 황실 종친인 조구趙構가 강남으로 달아나 대신들의 천거로 임안(臨安, 지금의 항주)에서 송 왕조를 재건하고 남송(南宋, 1127~1279년)을 건국했다.

이민족의 침략에 재정이 크게 악화된 송 왕조는 이를 타개하고자 범중엄范仲淹이 신정新政을 주창하고 왕안석王安石이 중심이 되어 변법變法을 추진했지만, 재정적인 도움을 주는 데 그쳤을 뿐 근본적인 개혁을 이루지 못했다. 그 결과 남송은 몽고에 의해 멸망하고 말았다. 그러나 경제적으로는 눈부신 발전을 거듭해 생산력이나 과학기술 방면에서 최고의 수준에 도달했다. 중국의 4대 발명품 중 활판 인쇄술, 나침반, 화약이 모두 이 시기에 생산, 발전되었고, 수도인 임안에는 시장이 번성하고 점포가 즐비했으며 항상 사람들로 북적여 대도시의 면모를 과시했다.

상고 上古		B.C. 약 800만~2000년
하 夏		B.C. 2070~1600년
상 商		B.C. 1600~1046년
주 周		B.C. 1046~771년
춘추 春秋		B.C. 770~403년
전국 戰國		B.C. 403~221년
진 秦		B.C. 221~206년
한 漢	서한 西漢	B.C. 206~A.D. 25년
	동한 東漢	25~220년
삼국 三國_위·촉·오		220~280년
양진 兩晉	서진 西晉	265~317년
	동진 東晉	317~420년
남북조 南北朝		420~589년
수 隋		581~618년
당 唐		618~907년
오대십국 五代十國		907~960년
송 宋	북송 北宋	960~1127년
	남송 南宋	1127~1279년
요 遼		907~1125년
서하 西夏		1038~1227년
금 金		1115~1234년
원 元		1271~1368년
명 明		1368~1644년
청 淸		1644~1911년

송 宋

- 1100년 철종 사후 휘종의 즉위
- 1101년 소식이 죽음.
- 1118년 송과 금이 맹약을 맺고 요를 공격
- 1120년 방납의 기의
- 1125년 휘종의 선위로 흠종이 즉위
- 1126년 이강이 개봉을 굳건히 지킴.
- 1127년 정강의 변(북송 멸망), 고종이 즉위하고 남송을 건립
- 1129년 고종이 양주로 피신, 금군이 대거 남송을 공격
- 1130년 한세충이 황천탕에서 금군을 저지함.
- 1131년 진회가 재상에 제수됨.
- 1134년 악비의 북벌
- 1138년 고종이 임안(항주)을 수도로 정함.
- 1141년 악비 처형, 남송과 금의 '소흥화의' 체결
- 1161년 우윤문이 채석에서 금군을 격퇴
- 1163년 장준이 북벌을 추진함.
- 1164년 남송과 금나라의 '융흥화의' 체결
- 1206년 한탁주가 북벌에 실패함.
- 1208년 남송과 금나라가 '가정화의' 체결
- 1214년 금나라가 남경(개봉)으로 천도
- 1224년 영종 사후 사미원이 이종을 옹립
- 1234년 송·몽고 연합군이 금을 멸망시킴.
- 1235년 몽고와 남송 간의 전면전 발발
- 1259년 왕견이 합주에서 몽고군을 격퇴, 가사도가 악주에서 쿠빌라이와 사적으로 화의 체결
- 1276년 원군이 임안을 침공, 공제와 태황태후 등이 포로가 됨.
- 1278년 위왕 조병이 옹립, 문천상이 원에 포로로 잡혀가 충절을 지키다 사형됨.
- 1279년 육수부가 황제 조병을 업고 바다에 뛰어듦, 남송의 멸망

차례

남송

남송

북송

북송

北宋

인물 소개

심괄沈括

북송의 과학자이자
개혁가. 수필체 대작인
『몽계필담夢溪筆談』을
편찬했다. 중국 역사상
탁월한 과학자로
꼽히고 있다.

조길趙佶

송 휘종徽宗.
재위 기간에 지나치게
사치하고 황음무도했다.
도교를 신봉해 스스로
'교주도군敎主道君 황제'
라고 불렀다.

양사성梁師成

북송 말기의 환관.
휘종의 총애를 받아
관직이 검교태전에
이르렀다. 권세가 날로
커지자 횡령과 뇌물 수수 및
매관매직을 일삼았다.

방랍方臘

북송 말기의 농민 기의군 수령.
강소·절강·안휘·강서를
포함한 6개 주 52개 현에 농민
정권을 수립하고 막강한 영향력
을 행사했다. 기의 실패 후
포로로 잡혀 처형되었다.

동관童貫

중국 역사에서 가장 막강한
병권을 장악한 환관이다.
환관으로는 최고 관직에 오르고,
최초로 나라를 대표해 사신으로
갔으며, 유일하게
왕에 봉해졌다.

한세충韓世忠

북송 연간에 태어난 남송의
명장이자 민족 영웅이다.
용감하고 싸움을 잘했으며 지략이
뛰어났다. 서하와 금에 항거한
전쟁에서 큰 공을 세웠다.

이강李綱
북송 말 남송 초의
항금抗金 명장.
송대의 유명한
민족 영웅이다.

조환趙桓
송 흠종欽宗.
휘종의 장남. 금나라가
남하하자 휘종이 그에게
제위를 선양했다. 재위
2년 만에 '정강靖康의 변'
으로 금나라에 포로로
잡혀가 몇 년 안 돼
병사했다.

조구趙構
남송의 개국 황제인
송 고종高宗. 휘종의
아홉째 아들이자 흠종의
아우로 금에게 변량이
함락되자 강남으로 도망가
남송을 건국했다.

진동陳東
북송 말기의
애국지사. '육적六賊'
을 죽이라는 상소를
여러 차례 올려 마침내
뜻을 이루었다.

완안종한完顔宗翰
금나라 명장. 용맹하고
지략이 뛰어났다. 금 태조
완안아골타가 황제를
칭하는 데 큰 공을 세워
신임을 얻었다. 금나라의
제일 개국공신으로 불린다.

이방언李邦彦
태학 상사생 출신.
북송 말기의 '정강의 변'
때 투항파의 우두머리로
북송 멸망에 직접적인
원인을 제공했다.

시대별지도 - 북송 北宋

요 遼

상경上京

서하西夏
흥경부興慶府

연운 16주

변경汴京

응천부應天府

금릉金陵

북송 北宋

경서京西남로

강릉江陵

임안臨安

토번吐蕃

성도成都

강남江南서로

대리大理

광주廣州

북송의 위대한 과학자, 심괄

심괄은 북송 시기의 과학자로 그는 어려서부터 문제를 깊이 파고들고 실제로 탐구해야만 직성이 풀렸다.

인간 세상의 4월은 꽃이 다 졌는데, 산사의 복사꽃은 이제 한창이네.

지금이… 4월. 복사꽃은 이미 다 졌는데 산에 꽃이 핀다고?!

백거이의 이 시는 명백히 잘못됐어.

얘들아, 산에 놀러 가자!

산??

산에는 왜 가는데?

방금 당시를 읽었는데 산에는 4월에 복사꽃이 활짝 핀대.

하하하, 말도 안 돼!

그 산에는 신선이 사나 보지?

뻥친다. 쟤!

다 같이 산에 가 보자. 백거이의 시가 잘못된 걸 증명하면 어른들이 우릴 기특해 할 거야.

산에 복사꽃이 피지 않았다면 다시는 백거이의 시를 읽지 않겠어.

당장 출발!

16

복사꽃이 정말 폈네 ……

? ?

우리집 복사꽃은 이미 시들었는데, 대체 어떻게 된 일이지?

쌩―

아이, 추워!

쌩―

아하~ 알았다!

산 아래는 이미 여름이 왔지만 산 위는 아직 초봄처럼 춥다고.

복사꽃이 피는 건 분명 온도와 관련이 있어!

알았다. 산 위는 온도가 낮아서 꽃이 지는 시기가 늦는 거야!

심괄 대단한데.

헤헤……

오~

이런 탐구 정신과 실증 방법에 힘입어 심괄은 커서 유능한 관리가 되었고 신종의 두터운 신임을 받았다.

요나라가 또 우리 영토를 갈취하려는데 어찌하면 좋겠소?

신이 요나라에 사신으로 가 이치에 근거한 변론을 펼쳐 그들의 무리한 요구를 조목조목 반박하겠습니다.

좋소. 그대를 믿어 보겠소!

심 대인,
시간이 늦었는데
아직 귀가하지 않
으셨습니까?

요나라에
사신으로 가야 해서
과거 양국의 국경
협정 문건을 자세히
살펴보는 중이오.

철두철미

난 좀 더 있다
갈 테니 먼저
귀가하시오.

그럼
문을 잠그고
가겠습니다.
내일 뵙죠.

맴
맴
맴

19

드디어 찾아냈다!

요나라 도읍

대인, 요나라 재상 양익계가 직접 국경 문제를 담판 짓는 다고 합니다.

초조—

느긋~

우리 쪽에 유리한 증거가 있으니 누가 나와도 두렵지 않소.

대인은 위험에 직면해서도 아주 당당하십니다.

20

일절 논의도 없이 어찌 서명한단 말이오?

논의는 무슨! 황외산 일대는 바로 우리 영토요!

시간이 없소. 빨리빨리 새 국경 협정 조약에 서명하시오.

여기 우리가 제작한 지도를 잘 보시죠.

귀국의 소태후와 성종마저도 황외산이 송의 영토라고 인정했는데

승상은 왜 부인하십니까?

그…그게…… 하도 오래전 일이라 기억이 잘 안 나는구려.

긁적

21

송나라가 이 땅을 가지고 쩨쩨하게 구는 건 우리와 단교하겠 다는 뜻이오?

양 승상, 말을 바로 하시죠. 양국의 사이가 틀어진다면 요에 이로울 것이 하나도 없소.

뭐라?!

전연의 맹약 으로 매년 귀국에 은과 비단을 바치는데, 대신들의 불만이 아주 높소.

만약 단교 한다면 우리는 이 지출을 줄일 수가 있소.

단호-

흥! 내가 바빠서 그대와 노닥거릴 시간 이 없소!

황외산이 송의 영토임을 인정해 주셔서 감사합니다!

망신…

쳇-

22

심괄은 요나라의 무리한 요구를 단념시키고 당당하게 귀국했다. 훗날 신종은 심괄을 연주에 파견해 서하의 침공을 막도록 했다.

그건 무엇이냐?

영차

영차ー

이곳에서 생산되는 맹화유인데 서하군과 싸우는 데 아주 유용합니다.

서하군이 성을 공격할 때 맹화유를 뿌린 다음 불을 붙이면 되죠.

대인, 만지지 마십시오!

이 맹화유가 나는 곳으로 안내해라.

바로 여기입니다.

원래 땅속에서 채굴하는 것이로구나.

신기하군

맹화유는 많이 있느냐?

많습죠. 무궁무진하다고 할 수 있습니다.

그런데 맹화유란 이름이 듣기 안 좋으니 다른 이름으로 바꿔야 겠는데……

그래! 땅속에서 나오니까 '석유'가 그럴듯 하겠구나!

석유! 괜찮은 이름인뎁쇼.

굿!

홋, 내가 한 작명하지!

그런데, 뭐라고 부르든지 상관은 없습니다. 이건 적을 위협할 때 빼곤 그다지 유용하지 않거든요.

맹화유나 석유나…

과연 그럴까?
석유는 앞으로
널리 유용하게
쓰일 것이다!

호언

장담

심괄은 석유의 용도를 정확히 예견
했을 뿐 아니라 중국 고대의 백과전
서로 불리는 그의 저서 『몽계필담』
에서 활자 인쇄술 같은 선진 기술들
을 기록했다. 그는 과학자로서 전혀
손색이 없는 인물이었다.

향락으로 나라를 망친 송 휘종

1100년, 송 휘종 조길이 황제에 등극했다. 그는 뛰어난 예술가로 서화와 음악 방면에 조예가 아주 깊었다.

변법 폐지 문제에 있어서 전대에 실수가 있었으니 짐이 공정한 원칙으로 이 문제를 처리하겠소.

마음껏 의견들을 제기하시오. 설사 틀린 말이라도 나무라지 않겠소.

큰 뜻을 펼칠 분 같구려!

폐하가 겸허하게 간언을 받아들이는 건 참으로 좋은 일이오.

일시적인 기분에 한 말은 아닐까 우려가 되긴 합니다만……

히유… 상소를 이렇게 많이 올릴 줄은 꿈에도 몰랐네.

양사성, 내 대신에 이 일을 좀 맡아라.

명 받들 겠습니다.

짐은 그림을 그리러 가겠 노라!

오호라! 이후에도 상소를 내가 맡아 처리한다면 큰 권력을 손에 쥘 수 있겠군.

흐흐

놀기 좋아했던 휘종은 결국 골치 아픈 정무를 내팽개쳐 버렸다.

미불, 그대가 서화에 능하다고 하던데 설마 짐보다 실력이 더 낮느냐?

그림은 폐하만 못할지 몰라도 서예는 살아 있는 사람 중 최고라고 자부합니다!

감히 짐과 최고를 다투다니. 오늘 한번 실력을 겨뤄 보자!

붓을 갖다 주시오.

흥—

OK!

그럼 이 병풍에 글씨를 써 보아라.

時代

슥—

샥—

자아도취—

정말 잘 썼구나. 글씨는 짐보다 더 낫다!

당연 하지요.

폐하, 제가 돌아 왔습니다.

동관, 이번에 강남을 다녀오면서 짐이 원하는 물건은 가져 왔느냐?

그럼요. 강남에는 서화 의 기재가 아주 많습니다!

그중에서 채경이란 자가 신에게 서화 작품을 많이 주었습니다.

기재는 무슨? 십중팔구 헛돈 쓴 것일 게다.

네?!

오, 이 자가 생각 밖에 기재로구나!

정말 멋져—

빨리 채경을 궁으로 불러 와라!

예, 폐하!

아~ 매일 글씨 쓰고 그림 그리며 노는 것도 지겹구나.

채경, 무슨 재미있는 놀이 없을까?

신의 집에 왕로지라는 도사가 있는데 아주 신통방통합죠.

그를 당장 불러 와라!

왕로지, 너는 무슨 신통력이 있느냐?

폐하께선 유귀비를 기억하십니까?

유귀비?

어흐흑
......

유귀비는 이미
돌아가셨는데 왜
폐하의 슬픔을
들춰내시오?

유귀비가
생전에 폐하께
했던 말을 알기
때문입니다.

어?

속닥속닥
......

유귀비가
짐에게만 한
말을 네가 어찌
아느냐?

그 이유는
폐하와 신이
인연이 있기
때문입니다.

무슨
인연인가?

33

폐하와 신은 천제께서 도법을 널리 알리라고 이 세상에 보낸 도교의 신선입니다.

이리 놀라운 일이 있다니! 얼마 전 짐이 꿈속에서 태상 노군을 뵈었다.

노군이 꿈에 나타나 폐하께 예시하신 것입니다!

폐하는 선계의 도군과 인간 세상의 황제라는 최고의 지위를 모두 지니셨습니다!

하하, 이제부터 짐을 '교주 도군 황제'라고 불러라!

술 사세요!

비단이 쌉니다!

에잇! 궁궐이 시장판처럼 엉망진창이로구나!

폐하, 이 상소문의 서명이 하도 수상쩍어서 신이 목숨 걸고 여쭤 보러 왔습니다.

짐은 이런 상소문을 본 적이 없는데…… 가서 양사성을 불러와라!

양사성, 네가 이 상소문에 서명했느냐?

그게……

저 간악한 환관 놈!

상소문에 함부로 서명하면 큰일 난다는 것을 모르느냐!

탁

아얏!

36

환관이 폐하의 필체를 사칭해 상소문을 고쳤으니 엄벌에 처해 마땅합니다!

자세히 보시오. 한 글자가 짐과 다르지 않소?

바로 하늘 천天 자요. 짐이 쓴 둘째 획은 비교적 아래에 위치해 사람 인人 자 중간에 있지 않소?

아니, 지금 중요한 건 이게 아닌데.

그 말인즉슨, 짐이 곧 '천하 일인'이란 뜻이오!

폐하께서 천하의 최고시라면 그 어떤 것보다 천하의 일을 우선 관장하셔야죠.

그게 말이오……

빠져나갈 구멍이…

범중엄은 "천하의 근심을 먼저 근심하고 천하의 즐거움을 나중에 즐거워해야 한다"고 말했습니다.

환관이 범 승상의 말을 알고 있다니!

폐하는 천하를 위해 마음을 많~이 쓰셨으니 이제 천하의 즐거움을 즐기실 차례이옵니다.

하하, 과연 옳은지고!

이런 ……

휘종이 향락에만 정신이 팔려 소인의 정권 장악을 방임하면서 조정은 급속도로 부패해졌다.

뱀독으로 옴을 치료한 한세충

한세충은 젊었을 때 건달로 살아 사람들이 그를 '한오'라고 불렀다. 그는 온몸에 옴이 올라 부인마저도 그를 싫어했다.

Hi~

비호감 한오다!

한오, 또 얼마나 잃으러 오셨나?

오늘은 지난번에 잃은 거에 이자까지 따서 갈 거야!

무슨 소리~

휴……

젊은이, 용모가 특이해 보이니 내가 점을 봐 주겠네.

돈 없어요.

이렇게 특이한 생김새는 처음인지라 공짜로 해 주지.

생년월일시를 말해 보게.

오, 한오가 돈을 다 잃지 않았나 봐. 점까지 보고.

그만둬. 그런다고 네 운명이 바뀌진 않아.

역시 내 예상이 맞았어.

지금까지 내가 점을 본 사람 중에 가장 부귀영화를 누릴 걸세.

42

내가 군대에 들어가면 정말 큰 공을 세울 수 있을지도 몰라.

하지만 온몸에 옴이 나서 받아주기나 하려나…

졸졸

여긴 사람이 없으니 실컷 멱이나 감자!

풍덩!

이 옴만 깨끗이 없어지면 좋을 텐데.

박박

어? 저기 떠다니는 건 뭐지?

스물~

43

큰일이다! 뱀이 내 몸을 칭칭 감아서 질식할 거 같아!

혼자 힘으로는 어렵겠어. 빨리 도움을 청하러 가자.

저기 한오 아냐?

이보게들!

뱀을 잡았나?

뱀이 내 몸을 칭칭 감았어. 누가 나 좀 도와줘!

으앗! 빨리 도망가자!

이 겁쟁이들!

45

집에 가서
부인에게 도와
달라고 하자.

여보, 빨리
칼로 이 뱀을
좀 죽여줘!

네?! 배…
뱀이요?

여보, 여보!
기절해
버리다니!

털썩

더는… 못
참겠어. 도와줄
사람은 아무도
없고, 어쩌지?

앗!

끝을 내주마!

히유, 겨우 풀려났다.

여보, 뱀은 죽였어요?

오, 다행히 정신 차렸구려. 뱀탕 좀 끓여 주시오.

뱀에게 독이 있으면 먹고 죽는다고요!

그래도 먹어야지. 하마 터면 죽을 뻔했는데 갈아 먹어도 시원치 않다고!

난 못 하겠 으니 알아서 끓여 드세요.

여보
……

47

그럼 하는 수 없구나.

내가 하는 수밖에…

보글~
보글

냄새 죽이는데. 정말 안 먹을 거요?

전 죽고 싶지 않다고요.

그럼 내가 다 먹어야지.

중독돼 죽는 게 굶어 죽는 것 보다는 낫다고.

히야~ 천하일미로세!

와구 와구─

48

으!

왜 그래요?

컥!

쿵!

도와줘요! 남편이 뱀독을 먹었어요!

아, 어떻게 된 일이지?

여보, 여보!

훗날 한세충은 군대에 참가한 후 용감하게 싸워 여러 차례 전공을 세웠다. 남송 때에 이르러서는 더욱 위풍당당한 모습으로 적을 물리쳐 나라를 중흥했다.

화석강으로 인해
방랍이 기의하다

휘종이 향락에만 빠져 있자 조정 대권은 채경, 동관 등 간신의 수중에 들어갔다.

채경 등은 휘종의 환심을 사기 위해 주면을 소주로 파견해 응봉국을 설치하고 '화석강*' 명목으로 강남의 진기한 꽃과 돌을 수탈해 백성들이 편안할 날이 없었다.

이 돌이 좋아 보이는군. 내게 바쳐라!

나리, 이 돌은 조상 대대로 내려온 것입니다. 소인이 벌금을 낼 테니 제발 가져가지 말아 주십시오!

* 화석강花石綱
송나라 때 전국의 기이한 꽃과 돌을 운반하던 선단.

천하의 모든 것이 폐하 것인데 감히 바치지 않겠다고?

아닙니다. 소인이 어찌 감히……

싣고 가라!

더럽게 크네.

문이 너무 작아서 돌이 나가기 어렵습니다.

그럼 집을 헐어라!

소인의 작은 성의입니다. 제발 집을 헐지 마십시오!

헤헤……

ㅋㅋㅋ-

그럼 집을 헐지 말고 담장을 부숴라.

다를 게 없잖아!

헤헤, 이렇게 많은 보물을 바치면 폐하가 나 주면에게 분명 봉작을 더해 주실 거야!

주 대인, 더 이상 보물을 실을 배가 없습니다.

강 위의 저 배들은 무엇 이냐?

저 배들은
운량선이라
우리 관할이
아닙니다.

그럼 빼앗아
와라!

Go!

하지만 저건
관선인데요.

내가 관리가
아니냐?

예, 당장
명에 따르
겠습니다!

대인,
이게 대체 무슨
일입니까?

저 배들을 좀 빌려야겠다.

배로 식량을 변량으로 운반 해야 해서 시간을 지체하면 안 됩니다.

됐고! 여봐라, 식량을 모두 내려라!

아… 안 됩니다!

안 되는 게 어딨어?

후다닥

음하하핫!

영차!

영차!

낮에도 끌고, 밤에도 끌고 이 빌어먹을 화석강은 끌어도 끝이 없어.

가증스런 주면, 우릴 인부로 잡아 와서는 밥도 제대로 안 주고.

누가 반란을 일으키면 난 꼭 따라갈 거야!

쉿, 그런 말은 속으로만 생각하고 입 밖으로 꺼내지 말라고.

와~

와~

모두 모였나?

힘들게 일해 봤자 식량과 비단은 윗사람들이 다 쓸어가고 우리에겐 채찍밖에 돌아 오는 게 없다!

맞아!

우리도 더 이상은 참을 수 없다!

옳소!

방랍, 네가 앞장 선다면 우리도 따라서 반란을 일으키겠다!

그래, 우리 모두 자네를 따르겠어!

좋다. 탐관 오리를 모두 죽이고 함께 평안을 누리자!

나를 따르라─

방랍이 '주면 주살'을 구호로 기의를 일으킨 지 얼마 안 돼 그 기세가 대단하여 강남의 6개 주를 점령했다. 다급해진 휘종은 환관 동관에게 15만 대군을 이끌고 남하하여 반란을 평정하도록 했다.

동관께서 직접 오셨 군요.

57

주면, 네가 참~
좋은 일을 해서
강남 절반을
잃었다.

나
찔리라고
하는 소리지?

그건 소인과
관계없는 일입
니다. 저 반군
들이……

쳇, 비겁한
변명만 늘어
놓는군.

주면이 백성의
분노를 크게 샀
으니 그를 벌해
야만 합니다.

음, 그렇게
하도록 하자!

이후엔 방랍
에게 몸을 의탁
하는 사람이 크게
줄 것입니다.

주면을 파직한다는 거짓 성지를 내려라!

예!

1120년, 방랍은 항주를 근거지로 삼고 스스로 황제에 올랐다.

하하!

꿈에 그리던 황제가 되니 기분이 끝내주는구나!

폐하, 동관의 15만 대군이 이미 장강을 건넜습니다!

뭐라고?

이 환관 놈이 빨리도 왔구나.

송 황제가 죄기조*를 내리고 주면을 파면해 일부 민심이 우리를 돌아섰습니다.

* 죄기조罪己詔
임금이 자신의 잘못을 스스로 꾸짖는 조서.

방칠불, 너는 6만 군사를 이끌고 가 동관보다 앞서 수주를 탈취하라. 곧바로 지원군을 보내마!

지금은 생사 존망이 달린 위급한 시기입니다. 폐하가 직접 출격하셔서 군사들을 격려해야 합니다!

어서웃!

먼저 가라. 짐이 곧 널 지원하겠다.

폐하!

방칠불이 홀로 수주 공략에 나섰는데, 수주의 저항이 완강해 쉽게 함락되지 않았다.

죽여라!

수주 공략이 늦어지는데 어쩌지?

장군, 송의 대군이 몰려옵니다!

앗, 이렇게나 빨리!

나는 대장 왕품이다. 역적들은 죽음을 면치 못할 것이다!

빨리 철수해라!

대패한 방랍의 군대는 항주로 돌아가 저항했지만 동관의 맹공을 당해 내지 못하고 뿔뿔이 흩어졌다.

방랍이 흥기도 빠르더니 멸망도 빠르구나!

방랍의 잔당이 산속으로 도망쳤습니다.

산을 수색해 그를 꼭 사로잡아라!

환관이 군사를 이끌고 이런 큰 공을 세운 건 내가 처음일 거야.

득의
양양

방랍은 끝내 포로로 잡혔지만 그의 잔당은 1년 넘게 투쟁을 지속했다. 그의 기의는 동남쪽 강산을 휩쓸면서 북송 왕조의 기반을 흔들었다.

금과 연합해 요를 멸하다

북방의 여진족(금나라)이 흥기하면서 요나라의 국력은 갈수록 약해졌다. 북송은 이 기회를 노려 금나라와 손잡고 요나라를 멸하고자 했다.

연운 16주가 요에게 잔혹한 착취를 당하고 있으니 폐하께서 그곳 백성을 구해 주시기 바랍니다.

그곳은 본래 한족의 땅인데, 지금이 바로 옛 땅을 수복할 좋은 기회입니다.

태조, 태종 황제께서도 여러 차례 수복하려 했다가 실패했습니다.

태조, 태종께서도 못 이룬 일을 짐이 해낸다면 체면이 서겠구나!

폐하의 대군이 이르면 백성들은 쌍수를 들고 환대할 것입니다.

조량사, 그대가 금나라로 가서 함께 요를 치자는 약속을 받아 오시오!

잠깐, 그대 이름이 너무 평범해서 무시를 당할 수도 있으니…

• • • • • • • •

이름을 '마식'으로 고치시오!

무슨 논리야?

예, 폐하!

육로는 요에게 막혀서 해로로 가는 수밖에 없구나.

연경을 돌려주면 원래 요에 바치던 공물을 금에 주겠다는 조건이군.

조건이 괜찮아서 금나라도 응할 겁니다.

이런!

왜 그러 십니까?

우리가 돌려받 아야 하는 건 연운 16주인데 폐하는 왜 '연경'이라고 쓰신 거지?

돌아가서 폐하의 조서를 다시 받아올 까요?

이미 늦었네. 곧 금나라에 도착할 거야.

금나라가 연운 16주의 반환을 거부 하고 폐하의 성지대 로 연경만 돌려준 다고 합니다.

왜 잘못 쓰셔 가지고…

65

짐이 잠시 깜빡하고 연경이라고 썼나 보구려. 맹약을 다시 맺을 순 없겠소?

동관이 정예병을 모두 이끌고 방랍을 평정하러 갔으니 그가 돌아오면 다시 논의하시지요.

시일을 지체해선 안 되니… 조량사, 다시 금나라로 가서 연운 16주를 돌려주면 더 많은 재물을 준다고 얘기해 보시오.

예, 폐하!

변량

폐하, 이 자가 바로 방랍입니다.

66

요나라가 방랍보다 약하니 이 일은 신에게 맡겨 주십시오.

금나라가 거절해도 우리 힘으로 요를 공격해 연운 16주를 되찾으면 됩니다!

동관, 참으로 믿음직스럽구나!

다른 왕조의 환관은 나라의 재앙이었는데 너는 짐을 위해 천하를 평정하는구나!

모두 폐하의 가르침 덕분입니다.

연운의 백성이 쌍수를 들고 우릴 맞이한다더니 어째서 한 사람도 보이지 않는 거지?

종사도와 신흥종 두 부대가 요에게 격퇴되었습니다!

뭐?

곧 망할 것 같다던 요나라가 이렇게 강한데, 금이 요를 이긴다면 금은 대체 얼마나 강한 거야?

철수하라!

변량

요나라는 단숨에 무찌를 수 있다더니 어찌 패하였느냐?

종사도와 신흥종이 군령을 어겨 패배를 초래했습니다.

발뺌—

그럼 이제 변경이나 굳게 지키면서 요를 자극하지 말아야겠다.

폐하, 요의 황제가 막 병사해 태후가 정무를 주관한다 하니 재공격에 나설 기회입니다!

먼저 연운 16주를 빼앗지 않고 금이 요를 멸하길 기다렸다간 때를 놓칩니다!

롸잇 나우!

신이 다시 출정해 공을 세워 속죄하겠습니다!

또 대패하고 돌아오면 어쩌려고.

그럼 한 번 더 출전하라.

어쩔 수 없지. 믿어 보는 수밖에…

이번엔 장수를 유연경으로 교체했으니 괜찮겠지?

유연경이 요에 대패하고 군량도 심각한 손실을 입었습니다!

기겁

뭐야?

장군, 괜찮으십니까?

으… 윽…

장군……

이제 폐하께 어떻게 보고를 드린단 말이냐?

빨리 철군해야 하지 않을까요?

금나라가 이미 요의 중경과 서경을 함락했으니 금에게 군사를 빌려 연경이라도 빼앗자!

경하드립
니다. 요나라가
송·금 연합군
에게 패해 멸망
했습니다!

동관은 금나라에 구원을 요
청해 요나라를 격파했다.
1125년, 요나라 황제가 금
나라에 잡히면서 요나라는
결국 멸망하고 말았다.

만세
만만세─

하하, 태조,
태종께서도 이루
지 못한 일을 짐이
해냈구나!

축하
드립니다!

요가 멸망
했으니 전리품은
챙겼겠지?

번

뜩

72

금나라가 연경 부근 땅만 돌려준 채 백만 금을 요구했습니다.

뭐라고?

돈은 문제가 아니다. 금나라에 가서 서경을 사겠다고 전해라.

네? 산다고요?

연경

백 년간 요나라에 빼앗긴 연경을 드디어 되찾았다!

돈을 주고 사 놓고 저리 득의양양할 수가.

연경이 폐허가 돼 버렸어.

73

왜 빈
성뿐이지?

금나라가
우리에게 돌려주기
전에 사람과 재물을
몽땅 약탈해 가서 빈
성만 남았습니다.

어찌됐든
연경을 얻었으니
대성공이다!

大만족一

다들 조정에
돌아가 상을
받자!

와,
신난다!

휘종과 군신들은 요를 멸
한 승리에 도취되어 금
나라라는 더욱 강한 적을
까맣게 잊고 있었다.

74

이강이 변량을 끝까지 지켜내다

금나라는 북송과 연합해 요를 공격하면서 북송 군대의 무능함을 보고 1125년에 군사를 두 길로 나눠 송을 공격했다.

금의 동로군이 연경을 함락하고 곽약사가 투항했습니다!

뭐라?

금의 서로군이 태원을 포위해 아주 위급한 상황입니다!

하루에 급보가 수십 통씩 날아 오니 어쩌면 좋을꼬?

너무 걱정 마십시오. 추밀사 동관이 하동에 주둔해 금의 공격을 막고 있습니다.

폐하…!

벌떡

헐레

동관, 여긴 어찌 돌아 왔느냐?

적을 당해 낼 재간이 없습니다!

뭐, 뭐……

폐하, 드디어 깨어 나셨군요.

태자께 용포를 입혀야 하겠습니다!

뭐?!

태자가 기절하셨어. 어쩌지?

개의치 말고 일단 용포를 입히자.

태자 조환은 기절한 가운데 황제에 올랐으니 그가 바로 송 흠종이다. 휘종은 스스로 태상황을 칭했다.

경들이 짐을 굳이 황제로 삼으려 하니 내키지 않지만 직무를 수행하겠소.

우선 연호를 정강으로 바꿔 하늘이 나라의 태평을 보우하길 기원합시다.

태평을 바라신다면 남방으로 꼭 천도해야 합니다.

이방언, 재상의 몸으로 어찌 폐하께 도망가라고 권하는 것이오?

이강, 그럼 금나라 군대를 물리칠 방법이라도 있소?

변량은 천하에서 견고하기로 이름난 성인 데다 각지의 군대가 곧 도착하면 능히 무찌를 수 있소!

태상황이 폐하께 제위를 물려준 건 도성을 지켜 달라는 뜻입니다.

전에 진종 황제가 친정에 나서 요군을 물리쳤듯, 짐도 금군을 직접 공격하겠소!

영명하신 폐하를 둔 건 이 나라의 복입니다.

오늘 대신들 앞에서 괜히 허풍을 떨었어. 후회 막급이구나.

안절

부절

폐하, 태상황께서 도망가셨습니다!

뭐라고?

태후마마와 일부 수행원을 데리고 변량을 빠져 나가셨다 합니다.

짐에게는 굳게 지키라더니 정작 부황은 내빼 버리다니.

금의 군대가 너무 강해 태상황 마저 도망간 상황에 짐도 소나기를 피해야겠소.

의욕 상실

당장 떠날 채비를 서두르 겠습니다.

절대 안 됩니다!

이렇게 달아나 버리면 나중에 백성 들이 어찌 폐하께 충성하겠습니까?

짐이 지키고 싶지 않아서가 아니라 성을 지킬 유능한 장수가 없어서 그렇소.

당연히 재상 자리에 있는 이방언이 지켜야 합니다!

뭐래?!

줄기차게 싸워야 한다고 주장한 그대가 맡아야 하는 것 아니오?

신에게 중임을 맡기신다면 목숨을 걸고 나라에 보답 하겠습니다!

너가 햇!

좋소. 이강은 상서우승을 맡아 변량 수비를 책임 지시오.

명에 따르 겠습니다!

하지만 흠종은 그 새를 못 참고 또 달아날 궁리를 했다.

너희들은 대체 어디로 가는 것이냐?

81

폐하께서 서안으로 가신다 해서요.

아, 금세 또 생각이 바뀌신 건가?

너희들은 도성을 지키겠느냐, 아니면 도망가겠느냐?

도성을 지키길 원합니다!

좋다. 나를 따라 폐하를 뵈러 가자!

예!

척
척
척

82

폐하, 병사들의 가솔이 모두 변량에 있어서 도망가지 않겠답니다!

군영 내 인심이 동요하여 일단 성을 나가면 병사들이 뿔뿔이 흩어질 것입니다.

도중에 금의 추격병을 만나면 누가 폐하를 구하겠습니까?

도망가는 것도 위험하다면 지키는 수밖에 없겠구나…

두

둥-

이곳이 변량이구나. 와, 정말 높다!

성을 함락한 후 재물을 싹 쓸어버리자!

하하, 내 이미 화선 수십 척을 보내 변량의 수문을 불태우라고 했네.

활~

활~

용맹

맹렬

어? 송의 군사들이 전혀 두려운 빛이 없어!

금의 화선을 갈고리로 꿰어라!

앗, 화선이 움직이지 않는다!

돌을 던져 배를 부숴라!

쾅!

쾅!

으악!

공격을 늦추지 말라. 난 다른 성문을 돌아보겠다!

예!

으악!

빨리 화살을 쏴라!

전황은 어떠하냐?

금군의 공세가 맹렬합니다.

다들 힘내라! 너희들의 공적을 기억했다가 폐하께 상을 내리시라 말하겠다!

이 대인이 직접 싸움을 독려하시니 다들 힘을 내자!

예!

화살 발사!

피융—

송의 군대가 달라졌단 말인가.

무서웡—

지금까지 봐 온 송군이 아닙니다. 이렇게 목숨을 걸고 싸우는 송군은 처음이에요!

송에 유능한 인재가 있어서 쉽게 함락하긴 어렵겠구려.

일단 철수하고 봅시다.

이강의 끈질긴 저항으로 금은 단숨에 송을 멸할 수 없음을 깨닫고 협상에 돌입했다.

태학생의 청원으로 복직한 이강

양국이 회담을 시작했지만 금 나라의 요구 조건이 너무 지나 쳐 이강은 화친에 단호히 반대 했다. 이때 각지의 구원병이 속속 변량에 도착했다. 그러자 흠종의 마음이 조금씩 동요하 기 시작했다.

구원병이 많아 져 이제 적을 무찌를 수 있으니 저들과 협상에 나서지 마십시오.

협상은 짐이 알아서 하겠소. 그대는 성을 지키 는 데 주력하 시오.

구원병 중 종사도의 군대가 가장 강합니다. 신에게 지휘권을 주시 면 힘을 집중해 금군 을 몰아내겠습니다!

어서 허락을!

생각해 볼 테니 일단 물러가시오.

예…

쉽지 않겠구나.

이강이 자꾸 무례한 요구를 해서 골치가 아프구나.

지금 금과 싸우려면 이강이 꼭 필요하지만 짐은 그가 너무 싫다.

못마땅—

만약 이강에게 종사도 군의 지휘권을 넘기면 그를 통제할 수가 없다.

맞습니다. 절대 허락하시면 안 됩니다.

말장 요평중이 대인을 뵙습니다!

무슨 일로 날 찾아왔나?

저에게 금군을 물리칠 계책이 있습니다.

자네는 종사도의 부하인데 왜 내게 보고하는가?

종 장군은 연로하여 적극 공세에 나설 의지가 없습니다.

좋다. 얘기해 보게.

지금 협상이 진행 중이라 금군의 경계가 허술한 틈을 타 급습하면 대승을 거둘 수 있습니다!

자네 의견에 반대하지 않네. 다만 종사도의 군대가 내 관할이 아니라서…

대인이 허락 하신다면 금군을 무찌른 후 공을 모두 대인께 돌리 겠습니다.

좋다. 마음 놓고 출격하라. 폐하와 종사도 쪽은 내가 맡겠다.

감사 합니다!

다들 배불리 먹어라. 오늘밤 금군을 기습할 것이다!

옙!

다들 배불리 먹고 밤에 금군을 치러 가자!

오늘밤 금군을 치러 간다!

그들도 별것 아니다. 오늘밤 박살내 버리자!

금군 진영

뭐? 오늘밤 송군이 기습해 온다고?

예!

첩자가 이 사실을 알아내고 급히 알려 왔습니다.

군사를 영채 밖에 매복하고 적이 함정에 빠지길 기다려라.

빨리 도망가라! 우리가 급습할 줄 어떻게 알았지?

추격하라!

이강, 그대가 요평중을 사주해 공격에 나섰다가 참패하고 말았소!

그건……

첩자가 있을 줄이야.

꼴 좋다.

이길 수 없으니 화친하는 편이 낫다고 내 말하지 않았소?

이방언, 이 겁쟁이 같은 놈!

이강은 무슨 자격으로 떠드시오!

맞습니다. 멋대로 출격해 패배까지 했으니 당장 파면해야 합니다!

이강과 요평중을 파직하도록 하라!

속 시원하군!

부하를 관리하지 못한 종사도도 파면하십시오.

그리 하시오!

이 눈엣가시들이 사라졌으니 화친이 수월하겠어.

헤헤

이강이 파면되자 진동을 비롯한 태학생들이 이에 반발하고 나섰다.

매국노가 폐하를 농락하고 이강과 종사도를 파면하여 백성의 돈을 금나라에 바치려 하고 있소!

우리 태학생들도 나라를 위해 일해야 하는 몸, 어찌 국토가 금나라에 짓밟히는 걸 눈뜨고 볼 수 있겠소?

진동, 그럼 우리가 어떡해야 하지?

폐하께 이강과 종사도를 복직시키고 매국노 이방언을 처벌하라는 상소를 올려야지.

매국노를 처벌하라!

금나라를 타도하자!

조정에서 금이 요구한 거액의 배상을 받아들이면 곧 백성에 대한 수탈이 시작됩니다.

여러분~

이강 대인이 군사를 거느리면 금을 쫓아낼 수 있습니다!

94

학생들이 앞장 서서 나서는데 우리라고 외면 할 수 없다!

폐하께 청원하러 가자!

둥둥둥

개봉부윤은 뭘 하고 있단 말이냐? 저들을 쫓아 내지 않고!

폐하! 궁 밖에 많은 이들이 모여 이강과 종사도의 복직을 요구하고 있습니다.

북이나 좀 어떻게 해 봐라. 짐이 머리가 아파 죽겠다.

멍~

둥!
둥!
둥!

저기 이방언이 나온다!

이방언을 죽여라!

매국노 놈!

물러서라!

이 매국노 놈아!

아얏!

빨리 들어가자!

너희는 모반을 일으킬 생각이냐?

네가 진동이 구나. 왜 폐하를 협박하느냐?

우리는 충의로 폐하를 협박하지만 간신들은 폐하를 현혹해 나라를 팔아먹지 않소?

진동의 손가락 하나라도 건드리면 우리가 가만두지 않겠다!

우다다

저들의 기세가 대단해서 손을 썼다간 일만 더 커지게 생겼습니다.

일단 말로 하고. 내가 여러분 뜻을 당장 폐하께 아뢰겠소.

진정을 좀…….

빨리 가자.

하하하! 꽁무니 빼는 건가!

이강과 종사도를 복직시킨다는 폐하의 성지가 내려왔으니 다들 돌아가시오!

아니, 우리는 그들이 나올 때까지 기다릴 것이오!

옳소. 우린 종 장군을 보고 싶소!

다들 집으로 돌아가시오. 내 반드시 금군을 쫓아내리다.

이 대인이다!

이 대인이 복귀했어!

와~아!

흠종은 압력을 이기지 못하고 이강과 종사도를 복직시켰다. 그들이 군대를 재정비하자 송군의 사기가 크게 높아졌다. 금나라는 이 상황을 감지하고 조금은 겁을 먹어 배상 협상을 대충 마무리 짓고 속히 철군했다.

98

정강의 변으로 북송이 멸망하다 上

남방으로 도망친 태상황 휘종은 금나라가 물러간 후에도 도성으로 돌아가지 않고 여전히 명령을 남발해 흠종의 큰 불만을 샀다.

태상황이 남방에 궁궐을 건축한다는데 따로 조정을 세우는 건 아닌가 걱정입니다.

애초에 억지로 제위를 물려줘 놓고 이제 와서 짐을 방해하려 하다니.

누구 놀려?

성지를 내려 태상황을 도성으로 불러야겠다!

격분!

군대와 기반을 보유한 태상황이 폐하의 명을 듣지 않으면 어쩝니까?

짐에게 다 생각이 있다.

사람을 보내 태상황을 주시하다가 그가 명령을 내릴 때마다 짐은 반대로 명을 내리면 된다.

영명하십니다!

금군이 비록 물러 갔지만 호시탐탐 우리를 노리는지라 북방 방어를 더욱 강화해야 합니다!

짐이 지금 바쁘니 다음에 얘기합시다.

태상황과 권력 다툼 중인 걸 알고 있습니다만 지금은 국가 대사가 더 중요합니다.

대담하구나! 이제는 짐을 가르치려 드느냐!

보자보자 하니까ㅡ

금나라와 그렇게 싸우고 싶으면 태원으로 가서 한 판 붙으시오!

흠종이 휘종에게 조서를 내려 변량으로 돌아오라고 압박하자 휘종은 강남에 머물 명분이 없어 도성으로 귀경했다.

황상께서 직접 마중까지 나오시고!

기어이 날 여기까지 불러?

태상황은 강남에서 재밌게 노시다가 이제야 돌아오셨군요.

황상의 명인데 어찌 돌아오지 않겠습니까?

우린 같이 있어선 안 됩니다. 만일 금이 쳐들어와 모두 잡힌다면 나라가 위험해집니다.

저는 낙양에서 군사를 모집해 변량을 보위하겠습니다.

아니 되오!

태상황은 아무 데도 가지 마시고 궁에 가만히 계십시오!

허튼 수작 말라고!

오늘은 태상황의 생신입니다. 선물은 다 준비했으니 가셔서 축하를 드리십시오.

짐은 가기 싫다.

축하의 말 한 마디만 건네면 됩니다. 그렇지 않으면 백성들이 폐하가 불효하다고 수군댈 것입니다.

휴, 아들 노릇도 힘들구나.

다른 이들이 황상이 오시지 않을 거라고 말했지만 전 믿지 않았습니다!

오늘처럼 기쁜 날 제가 먼저 한 잔 하겠습니다!

꿀꺽-

황상도 한 잔 드십시오.

짐도 태상황과의 술자리가 무척 기쁩니다.

아얏!

꾸욱

왜 조심하지 않고 짐의 뒤꿈치를 밟는 게냐!

찡긋

찡긋

응?!

환관이 내 발을 밟아 술에 독이 있을지도 모른다고 경고한 거구나.

용서하십시오. 짐이 최근 몸이 안 좋아 술을 마실 수 없습니다.

엉엉, 내 성의를 몰라 주는구려!

빨리 내빼자!

태상황이 짐에게 손을 쓴 행동은 절대 묵과할 수 없다. 그를 연금하고 대신의 접근을 불허하라!

예, 폐하!

급보요! 금나라 군대가 쳐들어왔소!

금나라가 또 침공을 했구나!

금나라가 또…!

지난번 화친 조건이 불만인 듯하니

3개 주를 더 떼어 주고 배상금을 올려 주십시오.

좋소. 이방언 그대가 담판을 책임지시오.

담판은 그에 걸맞은 사람을 보내야 하는데 신은 적합하지 않습니다.

절레 절레

아홉째 아우가 정말 가려느냐?

신 조구가 사신으로 다녀오겠습니다.

예, 폐하의 근심을 덜어 드리고 싶습니다.

106

그럼 금과의 담판은 강왕 조구가 전적으로 책임져라.

명을 받들겠습니다!

회담에만 모든 걸 맡길 수 없으니 대비도 철저히 해야 합니다.

절언질에게 이미 12만 대군을 주어 황하 남쪽 기슭에 포진하도록 명했소.

절언질은 믿기 어렵습니다. 이처럼 중요한 순간에는 이강을 소환해야 합니다.

그건……

짐이 좀
더 생각해
보리다.

폐하!!

아, 참으로
답답하도다!

한편 조구는 금나라에
사신으로 가는 도중 자
주를 지나게 되었다.

누군데 감히
조정의 특사를
가로막느냐?

더는
가실 수 없습
니다.

108

저는 자주지주 종택입니다. 강왕께선 금 진영으로 절대 가지 마십시오.

난 지금 성지를 받들고 사신으로 가는 중이다!

그건 저들의 농간입니다. 금이 이미 성 밑까지 쳐들어왔는데 화친을 구한들 무슨 소용입니까?

강왕이 기어코 가신다면 금군에게 억류되고 말 것입니다.

내가 억류된다고?

절대 가시면 안 됩니다!

금을 믿지 마십시오!

알겠다. 그대들의 청에 따라 내 가지 않겠다.

금군 진영

황하 건너편에 주둔한 송군의 수가 매우 많습니다.

흥, 송군은 겁쟁이들이라 군사가 아무리 많아도 상관없다.

열흘 안에 아군은 반드시 강을 건널 수 있다!

완안종한

정강의 변으로 북송이 멸망하다 下

금군의 2차 남침 후 석 달도 안 돼 완안종한이 거느린 8만 군사는 황하까지 진격해 맞은편의 12만 송군과 대치했다.

북을 울려 사기를 돋우어라!

돌격!

대군은 강을 건너라!

송군을 한 명도 남김 없이 깡그리 죽여라!

둥둥둥

이 방법이 정말 효과가 있습니까?

흐흐, 두고 보면 안다.

빨리 달아 나자. 금군이 쳐들어온다!

금군에게 잡히면 목이 달아난다!

전투 의지를 상실한 송군은 북 소리에도 간담이 서늘해져 사 방으로 도망치기 바빴다.

아함~

어젯밤엔 잘 주무셨 습니까?

밖이 계속 시끄러워서 귀를 면봉으로 막고 겨우 잠이 들었다.

북소리는 잦아들었는데 '고수'들이 고생 이 많았죠.

그럼 가 보자!

메에~

메에~

둥둥

둥둥

오, 양들을 기둥에 거꾸로 매달아 앞발로 북을 치게 한 방법이 매우 기발하구나!

내가 천재적인 수하를 두었구나. 음하하!

이 고수들이 밤새 북을 치느라 힘들었습죠.

하하 ......

전군에 강을 건너라고 명하라!

철썩

철썩

우리의 '양' 전사가 밤새 친 북 덕에 송의 12만 대군이 모조리 달아났구나.

114

우리의 목표는 변량이다!

출격!

금군은 거칠 것 없이 변량까지 쳐들어가 성을 물샐 틈 없이 포위했다.

화친의 성의를 보이는 의미에서 폐하가 외부 군대의 상경을 막아 주십시오.

그대의 요청을 다 들어줄 테니 성을 공격하지만 말아 주시오.

폐하, 안 됩니다. 화친은 거짓이고 전쟁이 진짜 목표라면 어찌 합니까?

군대가 있어야 화친이 결렬돼도 일전을 불사할 수 있습니다!

말은 잘하는구려! 진짜 전쟁이 나면 겁쟁이가 되면서 말이오!

황하 변에 주둔한 12만 군사가 금군이 오기도 전에 죄 도망갔소!

금의 조건이 지나치지만 달리 방도가 없으니 다들 돌아가 자금을 마련하시오.

예, 폐하 ……

돌격!

둥 둥 둥

회담을 하자 면서 왜 성을 공격 하는 거야?

우리의 자금 마련이 너무 늦다는 표시입니다.

싸움도 안 되고 회담마저 결렬되면 어쩌란 말이오?

맞다, 이강!

빨리 조서를 내려 이강을 불러 오시오!

이강은 서남방에 좌천되어 지금 불러도 제때 오기 어렵습니다.

그럼 강왕이 외지에 있으니 속히 군사를 모아 변량을 지원하도록 하시오!

그 또한 급한 불을 끄기에는 무리입니다.

당장 저들을 어찌 대적할지 생각해야 합니다.

어쩐다 ……

이분은 살아 있는 신선 곽경입니다. 육갑법에 능해 종한을 사로잡고 금군을 쫓아낼 수 있답니다.

곽 신선, 정녕 육갑법으로 적을 물리칠 수 있소?

구세주!

저에게 신병 7,777명만 주시면 진 앞에서 도술을 부려 금군을 쫓아 내겠습니다.

짐과 온 변량성이 바로 그대의 손에 달렸소!

병사들은 듣거라!

118

곽 신선이 신병을 모집하는데 대우가 후하다!

누가 가겠느냐?

신병이 뭐야?

알게 뭐야. 돈만 챙기면 되지.

제가 지원할게요!

저도 지원합니다!

저도 신병이 될래요.

와ー

성이 곧 무너지게 생겼으니 곽 신선이 나서시오!

좋소이다.

성문을 여시오. 내 오랑캐에게 따끔한 맛을 보여 주리다.

돌격!

신병과 신장은 내 호령을 듣고 속히 내려오라!

저들이 무슨 꿍꿍이일까요?

알게 뭐냐! 성문이 열렸으니 빨리 쳐들어 가자!

돌격하라!

121

폐하, 외성이 이미 금군에게 함락되었습니다!

뭐?

곽경의 신병은 대체 뭘 했느냐?

곽경에게 속았습니다. 신병 따위는 없었습니다!

폐하!

어질~

쿵!

이제는 투항하는 길밖에 없다.

1127년 4월, 금군은 휘종, 흠종 및 황족, 후비, 관리 3천여 명을 포로로 잡고 약탈한 재물을 가득 싣고서 북방으로 돌아갔다.

167년간 중국을 통치한 북송 왕조는 이렇게 멸망을 고했다.

남송

남송

南宋

인물 소개

조구趙構
남송의 개국 황제인 송 고종高宗. 휘종의 아홉째 아들이자 흠종의 아우로 금에게 변량이 함락되자 강남으로 도망가 남송을 건국했다.

한세충韓世忠

남송의 명장이자 민족 영웅. 신체가 우람하고 용맹했다. 서하와 금에 항거하고 각지의 반란을 진압하는 등 남송에 큰 영향력을 미친 인물 중 하나이다.

조명성趙明誠
유명한 금석학자이자 고문자 연구가. 21세에 이청조와 부부의 연을 맺었다. 후에 건강에서 병사했다.

이청조李淸照
남송의 여류 사인詞人으로 완약파婉約派의 대표 인물이다. 초기에는 살림이 넉넉해 남편 조명성과 함께 서화와 금석金石을 수집 정리하는 데 힘썼다. 하지만 금이 중원을 침공한 후 남방에 머물며 외롭고 힘들게 살았다.

완안종필完顔宗弼
금의 명장으로 태조 완안아골타의 넷째 아들. 본명은 알철斡啜이고, 올술兀術이라고도 부른다. 담력과 지략이 뛰어났으며 여러 차례 송을 남침하고 신하로 칭할 것을 강요했다.

양재흥 楊再興

남송의 항금 명장. 원래 도적이었다가 후에 악가군岳家軍의 핵심으로 성장했다. 악비를 도와 위제僞齊를 물리쳤고, 금의 완안종필을 언성에서 대파했다.

악비 岳飛

유명한 전략가이자 항금 명장. 군사 방면의 재능이 매우 뛰어난 장수로 남송의 '중흥사장' 중 으뜸이었으나 간신 진회에게 '막수유'라는 죄명을 뒤집어쓰고 살해되었다.

악운 岳雲

악비의 장남(양자란 설도 있다)으로 걸출한 소년 영웅이다. 충성스럽고 용맹하여 금나라 군대를 여러 차례 물리치는 공을 세웠지만 악비 및 부장 장헌張憲과 함께 비참하게 살해당했다.

진회 秦檜

중국 역사상 10대 간신 중 한 명으로 '막수유(莫須有, 있을지도 모르는)'란 죄목으로 악비를 처형해 영원히 오명을 남겼다.

우윤문 虞允文

남송 때의 진사. 군사 참모로 채석采石 전투에 참가했다가 주장이 도망가 군사가 뿔뿔이 흩어지고 금군이 강을 건너 쳐들어오는 상황에서 전투를 독려해 금군을 대파했다.

시대별지도 - 남송 南宋

몽고

서료西遼

서하西夏
흥경부興慶府

중도中都

금金

토번吐蕃

개봉開封

남송 南宋

임안부臨安府

대리大理

조구가 장강을
건너 항주로
달아나다

1127년, 금군이 변량을 함락하자 흠종의 아우 조구가 응천부에서 제위를 잇고 남송을 건립했는데 그가 곧 송 고종이다.

이곳은 궁전이라고 할 만한 곳도 없는데 짐이 어찌 국사를 처리하겠소?

건강이 몇몇 왕조의 도성이었고 궁전도 잘 갖춰져 있으니 그리로 전도하십시오.

신도 황 대인의 의견에 찬성입니다. 폐하께서 새로 즉위하셨으니 동남쪽으로 순행해 성은을 베푸십시오.

헛소리 집어치워라! 황잠선, 왕백언, 너희가 폐하의 도망을 종용한 죄는 죽어 마땅하다!

히익!

이강, 당당한 송나라가 응천부 같은 작은 마을에 도성을 세운다는 게 말이 되오?

지금은 국난 시기니 금군을 몰아 내고 국토를 수복한 후 변량으로 환도 해야지요.

설사 천도하더라도 장안이나 양양 같은 전선으로 옮겨야 민중의 항전 의식을 고취할 수 있소!

건강 천도는 강남으로 너무 치우쳐 북방을 순순히 내주는 꼴이 됩니다.

음······

이강은 정말 충신이오. 짐이 그대 말에 따라 변량 천도를 준비하겠소.

폐하께서 중흥의 군주가 되신 건 송의 복입니다!

폐하, 이강이 폐하를 해하려 하니 절대 그의 말을 듣지 마십시오.

왜 그리 말하시오?

130

휘종, 흠종 두 황제가 일찍이 천도하려 했지만 이강이 변량에 머물도록 애써 권하는 통에 결국 변량이 함락돼 두 황제가 포로가 되셨습니다.

응천부도 전선과 가까워 금군이 언제든지 쳐들어올 수 있습니다.

그럼 짐도 포로가 될 수 있단 얘기 아니오!

황잠선, 그대의 생각을 말해 보시오.

건강으로 천도하는 데 반대가 심하다면 양주로 옮기십시오. 양주는 번화하고 부유한 데다 전장과 멀리 떨어져 있습니다.

그럼 두 경들의 의견을 받아들여 양주로 천도하리다!

영명하십니다, 폐하!

이강은 양주로 천도한다는 소식을 듣고 고종을 설득하려 궁으로 달려갔다.

신의 고향이 동남쪽이라 그리로 천도하면 신도 편합니다.

하지만 그렇게 되면 중원의 너른 땅을 잃고 맙니다.

짐은 이미 마음을 굳혔소. 더는 말하지 마시오.

정 그러신다면......

신은 사직하고 고향으로 돌아가겠습니다.

뭐요?

이 나라가 그대를 필요로 하는데 의견이 다르다고 꼭 떠나야 하겠소?

신은 지금도 직무를 맡으면 금나라에 잡혀 가신 두 황제 생각에 심장이 칼로 에이는 듯합니다.

두 황제, 두 황제, 만날 그 소리! 그들이 돌아오면 누가 황제가 되는 것이오? 갈 테면 가시오. 짐도 붙잡지 않겠소!

폐…폐하, 신의 말은 그런 뜻이……

1129년, 고종은 이강을 파면한 뒤 조정을 양주로 옮겼다.

양주가 정말 좋구나. 궁전도 아름답고, 미녀도 많고……

안심하고 이곳에 머무십시오. 여긴 전장과 멀리 떨어져 금군이 쳐들어오지 못합니다.

경들은 하늘이 내려준 어진 신하요!

그대들을 좌우 승상에 임명해 나랏일을 모두 맡기겠소.

성은이 망극하옵니다!

큰일 났습니다. 금군이 쳐들어 옵니다!

뭐라고?

빨리 군신들을 소집해 대응 방안을 논의하십시오!

논의는 무슨? 도망가는 게 급하지!

그럼 대신들은 어쩝니까?

그 많은 사람을 어찌 챙기느냐! 알아서 살아남아야지.

고종은 저항 한 번 하지 않은 채 배를 타고 장강을 건너 강남으로 도망갔다.

가증스런 황잠선, 왕백언 놈. 뭐, 금군이 절대 쳐들어오지 못하니 안심하라고?

으, 분하다 분해!

진강

납시었습니까, 폐하!

폐하!

왕연,
전황은 어떠
하오?

황잠선,
왕백언이 줄행랑
을 쳐 양주는 이미
금군에게 함락
되었습니다!

이런
죽일 놈들을
봤나!

그대를
추밀원사 겸
어영도통제에 임명
하니 장강 방어를
책임지시오!

예, 폐하.

금군이 머지않아
장강을 건너면 진강도
불안합니다. 항주에 제왕
의 기운이 흐르니 그리
로 천도하십시오.

음……

좋소.
항주로 천도
합시다!

현명한
판단이십
니다.

136

항주

상황이 급박합니다. 금의 완안종필이 10만 대군을 이끌고 건강으로 진격하고 있습니다!

헉, 또냐?!

금은 왜 짐을 못 잡아 먹어서 안달일까?

완안종필이 산과 바다를 뒤져서라도 조구를 꼭 잡으라며……

뭣이라?

야단났다. 불똥이 내게 튀겠어……

폐하, 고정하시옵소서!

짐이 화낼 시간이 어디 있느냐! 빨리 도망가야지!

137

다 다 다

앞이 바다로 가로막혀 더 이상 달아날 곳이 없습니다.

악랄한 금나라 놈들이 짐을 이곳까지 몰아넣었구나!

금군이 끝까지 쫓아 오니 일단 바다로 나가자.

예……

폐하, 저기 금군이 계속 쫓아 옵니다!

헉! 버…벌써!

휘익~

뭐야…

하늘이시여, 송의 명운이 다하지 않았다면 짐을 보우 해 주십시오!

우리는?!

휘— 휘익—

바람이 붑니다.

휘—

휘익—

바람이 거셉니다. 조심 하십시오!

폐하, 조심 하세요!

휘청~

어? 비가 내리네.

금군의 배가 방향을 돌렸습니다!

오, 하늘이 도왔구나!

조구는 요행히 화를 면하고 항주로 돌아와 이곳을 임안臨安으로 개명했다. 이와 동시에 한세충, 악비 등 애국 장수들도 군대를 조직해 금군을 물리쳤다.

한세충이 완안종필을 대파하다

1130년, 금의 완안종필은 송 고종을 사로잡지 못하고 북으로 철수하다가 진강 일대에서 한세충에게 저지를 당했다. 이때 금군의 병력은 10만이었고, 송군은 8천 명에 불과했다.

한세충이 죽으려고 환장했구나. 8천 명으로 10만 대군을 저지하려 하다니.

그러게나 말입니다.

이 강을 건너면 바로 우리 세력권이니 돌아가 휴식을 취하는 게 낫습니다.

맞습니다. 아군이 행군에 너무 지쳐 있습니다.

송의 황제도 바다로 쫓아냈는데 한세충쯤이야 뭐가 대수겠느냐.

한세충에게 내일 결전을 벌이자고 통고 하라!

예, 장군!

한세충은 군사력의 차이가 현격한 상황에서 적을 무찌르려면 병사들의 사기를 높이는 방법밖에 없다고 생각했다.

금군이 우리 땅을 침범해 우리 가족을 살해하고 우리 재물을 빼앗았다!

韓

형제들이여, 이제 어떻게 해야 하느냐?

그들을 죽여야 합니다!

적을 죽여 나라에 보답하고 공을 세울 기회가 바로 오늘이다!

금군을 죽여 가족의 원수를 갚자! 금군을 죽여 나라에 충성으로 보답하자!

사기 충천!!

둥둥둥

둥둥둥

韓

봐, 한 장군의 부인까지 북을 치며 전쟁을 독려하고 있어.

원래 이름이 양홍옥이고, 전에 기생이었대.

국난이 닥쳐 여자까지 나라를 위해 싸우는데 우리가 두려워 하면 되겠어?

두둥

宋

宋

둥둥

돌격하라!

와ㅡ

와ㅡ

송군이 신들린 듯 눈 한 번 깜박이지 않고 아군을 죽이고 있습니다.

당해 내기 어려우니 빨리 철수 명령을 내려 주십시오.

뭐라?!

내가 적을 너무 얕잡아 봤구나.

철수하라.

예…

144

한세충 진영

완안종필 장군께서 약탈한 재물을 모두 바칠 테니 강을 건너게 해 달라고 청하십니다.

강을 건너고 싶으면 우리 땅과 두 황제를 풀어줘라!

그… 그건…

우리 요구를 못 들어주겠다면 썩 꺼져라!

거참 성질 더럽네.

남쪽의 금군이 패하여 강북에서 분명 구원병을 보낼 것이다. 방비를 더욱 강화하라!

예!

한세충의 방비가 삼엄해서 빠져 나가기 어렵겠어.

현지인 말로는 황천탕에 진흙으로 막힌 수로가 있는데 한세충 진영을 돌아 건강으로 직접 통한다 합니다.

오, 그래?

즉각 군사와 백성을 동원해 수로를 파라!

라잇 나우!

으샤~

낑낑... 으샤~

146

우두산

장군, 이 산만 지나면 바로 건강입니다.

한세충에게 들키기 전에 빨리 달아나자.

다
다
다
다

완안종필, 이 악비가 네놈이 오기만을 목 빠지게 기다렸다!

앗!

완안종필을 잡는 자에게 큰 상을 내리겠다!

어이쿠!

장군을 보호하라!

완안종필의 군대는 다시 황천탕으로 되돌아가 오도 가도 못하는 신세가 되었다.

앞에는 악비가, 뒤에는 한세충이라는 진퇴양난에 빠졌구나. 이제 이곳이 내 무덤이란 말인가?

아직 포기하기엔 이릅니다.

형세가 급박하니 여기서 빠져 나갈 묘안을 내는 자에게 큰 상을 내리겠다고 하십시오.

그렇게라도 하자.

150

당장 적을 추격 하라!

장군, 바람이 없어서 적을 쫓기 어렵습니다!

이런—

윽, 금군을 모조리 없앨 수 있었는데!

아깝다…

불화살을 발사하라!

숙—

슝—

슈욱

151

빨리, 빨리 불을 꺼라!

불이다!

활활—

풍덩!

풍덩!

휴, 살았다. 겨우 빠져 나왔어.

완안종필이 비록 한세충의 포위망을 뚫고 달아났지만 금군은 이번 전쟁으로 사기가 크게 저하돼 다시는 감히 장강을 건너지 못했다.

여류 사인 이청조

이청조는 북송과 남송 양대에 걸쳐 활약한 여류 사인으로 18세 때 환관의 자제인 조명성과 결혼했다. 이 부부는 지향하는 바가 서로 같아 문물과 고적을 수집하며 행복하게 살았다. 그러나 금군이 침략한 후 이들에게 불행이 닥치기 시작했다.

부인, 내가 강녕지부에 임명되어 먼저 부임지로 떠나야 하니 부인이 살림살이를 잘 챙겨서 오도록 하시오.

위급한 상황이 닥치면 옷이나 가구, 서적들은 모두 버리고

지금까지 우리가 기록한 필기 자료만 꼭 챙기시오.

하지만 금군의 침략으로 세상이 어수선해 길에서 가산을 빼앗길까 염려됩니다.

걱정 마세요.
제가 목숨을 걸고
지킬게요.

애틋~~

다 다 다

부인, 시종
놈이 또 장신구
를 훔쳐서 달아
났습니다.

아!

아복,
여기서 강녕
까지는 얼마나
남았나요?

이 속도
라면 하루면
도착합니다.

155

여보, 죄송해요. 제가 귀중한 자료를 모두 잃어버리고 말았어요.

아, 나의 고향!

폐하, 왜 중원을 버리셨 습니까?

옛날 서초패왕 항우는 강동의 고향 사람들을 볼 낯이 없어 강을 건너지 않고 목숨을 버렸건만

지금 황제는 죽음이 두려워 누구보다 빨리 달아났구나!

살아서는 마땅히 인걸이 었고, 죽어서도 귀신의 영웅 되었네.

지금도 항우를 그리워 함은 강동을 건너지 않았기 때문이네.

이청조는 고생 끝에 겨우 조명성의 부임지에 당도했다.

부인, 정말 오래 기다렸소!

여보!

왜 우시오? 아복과 가산은?

길에서 금군을 만나 모두 잃어 버렸어요.

다 잃어 버렸다고?

네, 흑흑… 죄송해요.

158

맘 편히 책이나 쓰려 했는데 호주로 가라는 명이 내려왔구려. 호주는 전선과 가까워 부인을 데려갈 수 없소.

또 이별이구나.

험한 곳으로 가시니 꼭 몸조심하세요.

걱정—

부인도 조심하오.

시간이 오래 흘렀는데 왜 편지 한 통 없을까?

기러기가 편지를 전할 수 있다면 그 편에 낭군에게 편지를 보내련만……

연꽃 향기 사라지자 대자리에 가을이 찾아와, 살며시 비단 저고리 벗고, 혼자 목련꽃 배에 올랐어라.

구름 속으로 누가 비단 편지 부쳐줄까. 기러기 돌아가는 계절, 서쪽 누대에 달빛 가득하다.

하아

꽃잎은 절로 떨어져 날리고 물도 절로 흘러가네. 그리워하는 한 마음, 두 곳에 떨어져 부질없이 수심 인다.

이 마음 없앨 길 하나 없어, 겨우 미간을 낮추어 봐도, 도리어 마음으론 솟아오르네.

간절…

부인, 편지가 왔습니다!

상공께서 보낸 게 틀림없어. 빨리 줘 보게!

어? 아니네.

일단 뜯어 보십시오.

아니, 이럴 수가…!

편지에 뭐라고 쓰여 있습니까?

상공이… 돌아가셨대.

흑흑

가증스런 전란이 내 모든 걸 송두리째 빼앗아갔구나!

흑흑~

이 『금석록』을 완성해 당신이 생전에 다하지 못한 염원을 꼭 이룰게요.

아, 눈이 온다.

펄~

펄~

162

남방에도 이런 함박눈이 내리는구나!

상공을 처음 만났던 날이 생각나네.

그네를 박차고 뛰어내려, 가쁜 숨 고르며 옷깃을 여미는 섬섬한 손끝이여.

헤헤 ……

구슬 같은 이슬 꽃송이를 뒤덮고 얇은 옷 땀에 젖어 속살이 비치네.

이형, 우리 명성과 영애의 혼사를 그렇게 결정지읍시다.

그럽시다. 허허

청조……

아!

어머나, 손님이 있잖아. 버선도 찢기고 노리개도 떨구며,

부끄러워 무작정 뛰다가

문 앞에서 돌아보니, 풍겨 오는 시큼한 땀 냄새.

쿵

쿵

이청조의 사풍은 초기에는 명랑하고 쾌활했으나 나라가 외적의 침략을 받으면서 점점 심각하고 침울해졌다. 그녀의 사풍은 이후 신기질, 육유 등에게 영향을 미쳤으며 이청조와 조명성이 함께 쓴 『금석록』은 중국 고대 기물과 명문* 연구에 중요한 자료가 되고 있다.

* 명문銘文
금석, 기물 등에 새겨 넣은 글.

164

악비가 계략으로 위제를 멸하다

금나라는 중원을 점령한 후 한족으로 한족을 다스리는 정책을 취해 항장인 유예劉豫를 앞세워 꼭두각시 정권인 위제僞齊를 건립했다. 위제는 늘 금군과 협력해 남송을 공격했다.

대인, 영채를 방문해 주셔서 영광입니다.

금과 위제 연합군의 위세가 대단한데 한 장군은 적을 물리칠 방안이 있소?

솔직히 말해서 자신이 없소이다.

한세충

페하도 걱정이 돼 금에 화친을 청하려 우릴 보낸 것입니다.

이 잔을 비우고 우린 출발하 겠습니다.

송의 안위가 두 분 대인께 달려 있습니다!

韓

화친을 청한 다니 우리 군대도 장강 이남으로 철수 하지요. 그럼 임안 에서 뵙겠소.

그럼 저희는 이만.

몸조심 하십시오!

다 다 다

166

즉시 군사를 이끌고 저들 뒤를 따라가 금군 진영 앞에 매복하라!

예!

저 문관 둘은 잘 속였는데 금군도 속길 바라야지.

금군 진영

우리를 침공 하지 않으면 땅을 떼어 주고 신하를 청하며 매년 조공을 바치겠습니다.

화친이라 …

그런데 한세충은 왜 아직까지 우리 앞에 진을 치고 저항하는 것이오?

아직 양국이 교전 중이니 방어를 위한 것 뿐입니다.

의심…

회담에 성의를 보이기 위해 한 장군은 이미 철수했습니다.

한세충이 철군했다고?

화친 문제는 내게 권한이 없으니 중군으로 가 대장을 만나 보시오.

물론입니다. 우리가 왔을 때 한 장군은 이미 철수 중이었습니다.

쉽지 않군요.

그러게 말입니다.

빨리 한세충을 치러 갈 준비를 해라!

만일 대장이 화친에 동의하면 어쩌시려고요?

168

먼저 대승을 거두면 화친에서 더 많은 배상을 얻어낼 수 있다.

히히~

한세충은 송의 명장이라 이기기 쉽지 않을 텐데요.

내게 다 방법이 있다.

한세충이 철군 준비 중이니 그가 강을 건널 때 공격하면 미처 손쓸 새가 없을 것이다!

훌륭한 작전입니다!

돌격!

도적놈들을 모두 죽여라!

아니, 이게 어찌된 일이지?

네놈들은 계략에 걸렸다!

돌격!

와ー

한세충은 화친을 청하러 가는 대신에게 허위 정보를 흘린 후, 적의 공격에 대비해 군사를 매복하고 있다가 기습해 대승을 거두었다.

한편 악비는 북벌의 장애물인 위제 정권을 멸망시키기 위해 골몰했다.

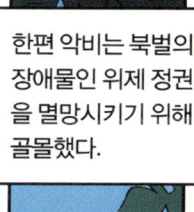

송과 금 사이에 낀 위제를 제거하지 않으면 강산을 수복하기 어려워.

저벅 저벅

악 장군, 금나라 첩자 하나를 잡았습니다!

옳지! 위제 유예의 멸망이 그자 손에 달렸다!

번뜩—

그를 데리고 와라.

예, 장군!

들어 가라!

대담한 놈, 넌 날 알고 있지 않느냐?

모르는 사람이 있을까?

그거야 ......

악비 장군 아니십니까.

장빈 네놈이 감히 날 놀리느냐?

네?

전에 널 유예에게 보내 완안종필을 유인해 내라는 편지를 전했는데 왜 아직까지 답신을 가져오지 않는 게냐?

다행히 유예가 이미 완안종필을 청하로 유인해 함께 협공하기로 약조했다.

그게 ……

악비가 날 장빈으로 오해했구나. 목숨을 건지려면 장빈인 척 해야겠다.

유예가 완안종필을 청하로 유인하려 했지만 그가 너무 조심스러워 쉽사리 출병하지 않고 있습니다.

네 말이 일리가 있다. 널 잘못 나무랐구나.

173

이 편지를 유예에게 전하고 완안 종필에게 들키지 않게 조심하라고 일러라.

알겠습니다!

다다다

금군 진영

뭐? 유예가 감히 악비와 내통해 날 해칠 음모를 꾸민다고?

소인이 기지를 발휘해 악비 수하인 장빈인 척하고 이 중요한 첩보를 얻어냈습니다.

흥! 유예가 스스로 대단한 인물인 줄 아는 모양이구나. 그를 없애는 건 개미를 밟아 죽이는 것만큼 쉽다!

너는 큰 공을 세웠으니 돌아가 쉬어라. 후에 큰 상을 내리겠다.

감사합니다!

첩자의 말을 전부 믿으시면 안 됩니다. 뭔가 석연치 않은 구석이 많습니다.

유예가 우리를 쫓아 황제가 됐는데 송에서 이보다 더 좋은 조건을 제시할 수 있을까요?

제가 보기에 이는 악비의 계략입니다.

후훗 ......

왜 웃으십니까?

175

이것이 악비의 계략임을 설마 내가 모르겠느냐?

상대의 계략을 역이용해 이참에 유예를 제거하려고 한다.

유예가 이제 쓸모없어졌다는 말씀입니까?

그렇다!

유예는 덕도 없고 무능하여 집 지키는 개가 되기에 부족하다.

내가 직접 중원을 다스리는 데 걸리적거릴 뿐이야.

대단하십니다!

1137년, 금은 유예를 황위에서 쫓아내고 직접 중원을 통치했다. 위제 정권은 겨우 7년 만에 멸망하고 말았다.

악비의 애국 충정을 담은 시, 「만강홍」

남송의 항금 명장 중에 악비의 공적이 가장 탁월했다. '악가군岳家軍'이라 불린 그의 군대는 전쟁에 임해 늘 용맹하고 기율이 엄격했다.

1140년, 악가군은 언성에서 완안종필이 거느린 금의 주력부대와 대치했는데…

완안종필이 용호대왕과 개천대왕의 지원군을 얻었으니 어찌 대처하면 좋겠소?

이 두 부대의 '철부도'와 '괴자마'가 출격하면 힘든 싸움이 되겠는데요.

장헌, 철부도와 괴자마가 무엇이오?

철부도는 돌격용 중장갑 기병이고, 괴자마는 양쪽 날개에서 빠른 속도로 포위 공격해 들어오는 기병입니다.

이름만 거창하지 고작 기병이었군요.

악운, 적을 얕봐선 안 된다.

음, 말을 공격한다……

기병에 대응 하기는 어렵지 않습 니다. 사람이 아니라 말을 공격하면 됩니다.

말을 공격 한다고?

악운, 네가 선봉에 서라. 싸움에서 지면 목을 베겠다!

걱정 마십시오!

콰릉—

콰릉—

두두두

아버지, 철부도와 괴자마가 출동했습니다!

출격하라!

장헌, 네 차례다!

넵, 장군!

히잉~

싸악-

아악!

히잉~

아이고!

그래, 철부도와 괴자마 기병들이 말에서 떨어지고 있다!

진격하라!

와!

금나라가 기병한 이래로 거칠 것이 없었던 건 다 이 부대 덕이었는데 오늘 악가군에게 궤멸되는구나.

이후로는 가능한 한 악가군과의 교전을 피하십시오.

악가군을 두려워한 장병들 사이에서 이상한 소문이 돌고 있습니다.

무슨 소문인가?

"산을 옮기는 것이 쉽지, 악가군을 이기기는 어렵다!"

뭐라고? 불난 집에 부채질 하는 것이냐.

182

일단 철수하자!

예!

완안종필이 군대를 정비한 후 다시 쳐들어오자 악비는 양재흥을 소상하로 보내 적의 상황을 살펴보게 했다.

맞은편에 완안종필의 군대가 진을 치고 있습니다!

적의 숫자가 많으니 악 장군께 알리고 대책을 논의하시죠.

그게 아니지.

적들에게 나 양재흥의 무서움을 보여 줄 기회가 왔다!

도전!

돌격하라!

와~

양 장군이 부하 3백 명을 이끌고 금나라 군사 2천 명을 죽였습니다!

명불허전이구나. 과연 양가장의 후예로 손색이 없다!

훌륭해!

그런데 양재흥은?

양 장군은 그만……

편히 쉬어라, 형제여. 자네는 양가장의 부끄럽지 않은 후예다.

으흥흑

악비 진영

앞이 바로 주선진입니다. 이제 옛 도성인 변량이 코앞에 있습니다.

금군이 참패하여 뿔뿔이 흩어졌으니 강산을 수복할 날도 머지않았습니다!

186

백전백승을 경하드립니다, 장군!

존경합니다, 장군!

이 잔은 잠시 내려놨다가 금의 근거지인 황룡부를 공격한 후 통쾌하게 마시자!

황룡부 공격이요?

정강의 변 때 두 황제가 포로로 잡힌 치욕을 씻을 때가 왔다!

관을 찌르는 성난 머리칼로 난간에 기대니 오던 비도 그친다.

187

하늘을 우러러 길게
포효하노니 장사의 가슴
에 피가 끓는다. 삼십 년
공명은 티끌 같고 달려온
팔천 리 공허한 구름과
달빛뿐.

이제는
소년의 머리 희어졌
으니 공허하고 슬픈 마음뿐.
그러나 나라가 망한 치욕을
아직 씻지 못했으니 신하된
자의 한을 한순간인들
잊으랴.

전차를 타고
돌파할 것이다! 하란산의
허점을 뚫고서 배가 고프면
오랑캐의 살을 씹고 목이 마르면
오랑캐의 피를 마시며 선두에
서서 빼앗긴 산하를 수복한 후
천자의 궁궐에
조회하리라.

악비의 「만강홍滿江紅」에는 금나
라에 빼앗긴 영토를 되찾고 적을
무찌르려는 비분강개한 심정이
그대로 드러나 있다.

악비가 국토 수복을 눈앞에 두고 철군하다

언성 대첩 후 악비는 부장 장헌에게 선봉 부대를 이끌고 주선진으로 진격하라고 명했다.

장 장군이 금군을 궤멸하고 주선진을 수복했습니다.

그리고 금군은 이미 간이 콩알만 해져 변량으로 철수했습니다.

잘했구나. 장헌에게 가서 대군이 곧 도착한다고 일러라.

주선진은 변량에서 고작 40~50리 거리라 옛 수도 수복이 머지않았다.

악운, 일단 행군 속도를 높이고 휴식은 주선진에서 취하도록 해라.

알겠습니다!

여기로 지나는 거 맞아?

곧 오시겠지.

마을 분들이 무슨 일로 여기 모여 있습니까?

저기 봐, 악가군이 온다!

악 장군이 금군을 대파해 저희가 특별히 군대를 위로하러 왔습니다.

산해진미는 아니나 고생한 장병들을 먹일 음식입니다.

아, 정말
감사합니다!

이 배는
가면서 먹으
라고.

감사
합니다
……

고생이
많네.

살아서
송나라 군대를
보리라곤 상상도
못 했습니다.

정말
이게 꿈인지
생시인지…

폐하가 남방
으로 천도한 후
우리 북방 사람들은
말도 못하게 고생
했습니다.

악 장군이
오셨으니 금군
을 모두 몰아
내실 거야!

음
……

내 폐하께 상소를 올려 조정을 변량으로 다시 옮기고 산하를 되찾겠소!

남송의 도읍 임안

폐하, 여기 악비의 상소문입니다. 금나라 주력부대를 대파하고 변량으로 진격 중이라고 합니다.

오, 악비가 짐의 십 년 묵은 체증을 풀어 주는구나!

악비가 조속히 변량으로 돌아와 옛 땅을 수복하자 청했습니다.

변량으로 오라고?

과인이 생각해 볼 테니 다들 물러가시오.

이만 퇴청하겠습니다.

진회, 그대는 왜 퇴조하지 않는 거요?

신이 드릴 말씀이 있습니다.

말해 보시오.

악비가 말끝마다 "두 황제를 맞이해 도성으로 모시자"고 한답니다.

만약 그가 정말 금군을 몰아내고 흠종 황제를 맞이하면 폐하는 어떻게 되겠습니까?

그건……

악비는 절제를
모르는 무인입니다.
밖에서 전투를 치르면
서도 수차례 상소를 올
려 태자를 세우라고
하지 않습니까!

폐하께 아들이
없는 것을 뻔히 알
면서도 서둘러 새 주
인을 세우려는 건 모
반을 꾀하는 것이
분명합니다.

악비가 변량을
수복하면 명성을
천하에 떨쳐 통제가
불가능해질
테고요.

곰곰—

절대 무인이
권력을 잡는 일
이 벌어져서는
안 된다!

즉각
악비를 불러
들여야겠소!

그가 명을
어기지 못하도록
다른 부대들도 함께
소환하십시오.

그대는 참으로
주도면밀하구려.
우군이 없다면 악비
도 군대를 돌릴 수
밖에 없을 테니.

194

자, 충분히 휴식을 취했으니 이제 변량으로 출격하자!

예, 아버지.

악 장군, 철군하라는 폐하의 성지가 내려졌소!

철군 이라고?

아버지, 이제 어쩌죠?

이런……

변량이 코앞인데 왜 철군하라는 거요?

그건 모르 겠고 난 폐하의 명을 전하는 것 뿐이오.

지난 밤 쓰르라미 쉬지 않고 울어 놀라 깨어 보니 아득한 꿈일레라.

일어나 홀로 섬돌을 돌아 거니니 인적은 잠잠한데 주렴 밖에 달은 밝다.

머리가 희끗해 공명을 세우려는데 해묵은 송죽이 길을 막는구나.

이 근심을 거문고에 담으려 하나 알아주는 이 없고 줄 끊어지니 뉘 있어 들으리오.

아버지, 아직 안 주무셨어요?

운아……

196

눈앞에 국토 수복이 머지않았는데 갑자기 철군 명령을 들으니 기분이 좋지 않구나.

간신들이 참소를 올린 게 분명합니다!

장수가 밖에 있으면 군주의 명을 듣지 않는 법!

계속해서 변량으로 진군하자!

폐하께서 죄를 물으면 내가 모든 걸 책임지겠다!

진군이요?!

강산을 수복한다면 이 한 몸 기꺼이 나라를 위해 바치겠습니다!

정말 장하구나!

토닥 토닥

197

악비 진영

출격 채비를 서둘러라!

예, 알겠습니다.

악 장군은 철군하라는 폐하의 명이오!

어, 또 왔네!

장수가 밖에 있으면 군주의 명을 듣지 않는 법이오!

악 장군, 폐하께서 철군을 명하셨소.

너희들 ......

악 장군은 철군하 시오.

철군하라 는 폐하의 명이오!

이… 이놈들!

철군하시 지요!

음 ……

수북~

폐하가 연달아 금패 12개를 보내 철군을 명하셨다.

대체 왜 ……

엉엉~

십 년 공든 탑이 하루아침 에 무너지는 구나!

철군하라!

에잇!

동강

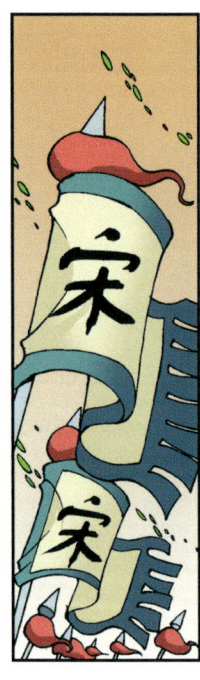

터벅

터벅

악 장군님,
가지 마십
시오!

이렇게
가시면 저희는
어떡합니까?

금군이 우리가
악 장군께 식량을 제
공한 걸 알면 보복할
게 뻔합니다.

악비가 강제로 철군하면서 남
송은 잃어버린 땅을 수복할 절
호의 기회를 놓치고 말았다.
이후로 남송은 약세를 면치 못
하고 쇠락의 길을 걸었다.

굴욕적인 소흥 화친을 맺다

진회는 북송에서 벼슬을 하다가 금나라에 포로로 잡혀간 후, 금 태조의 눈에 들어 남송에 내부 첩자로 보내졌다. 이에 진회는 거짓말을 날조했는데……

신이 감시하는 금군을 죽이고 배를 훔쳐 천신만고 끝에 폐하 곁으로 돌아왔습니다.

초주에서 도망쳤는데 도중에 금군에게 잡히지 않았다고?

의심

불신

도망 나온 것이라면서 어떻게 부인과 함께 올 수가 있나?

대신들의 말이 일리가 있다.

뭔가 수상해.

그렇긴 하지만 진회는 전 왕조에서 현신으로 유명했으니 이 일은 크게 의심할 것이 없어 보입니다.

범종윤, 그대가 진회를 믿는다면 짐도 의심 하지 않겠소.

저를 위해 변호해 주셔서 감사합니다.

친구가 곤경에 빠졌는데 구해 주는 건 당연하오.

이 은혜 잊지 않겠 습니다!

그런데 진짜 도망친 게 맞소?

물론 입니다.

그럼 됐소. 절대 나라에 해가 되는 일은 하지 마시오.

염려 마십시오.

옛 친구까지 날 의심하는 상황이라면 내 입지가 상당히 불안해.

황제부터 손을 써야 할 텐데 어떻게 환심을 사지?

그대는 금나라에서 왔으니 그곳 사정에 훤하겠소이다.

예, 폐하. 맞습니다.

사실 많은 금나라 사람은 송과 평화롭게 살길 원하고, 완안종필 등 몇몇만 전쟁을 주장하고 있습니다.

오, 그렇소?

그런데 왜 금나라는 해마다 남침해 짐을 괴롭히는 것이오?

그것은 완안종필이 잠시 득세해서 그런 것이니 그에게 쓴맛을 보여 주면 양국이 평화로워질 겁니다.

쓴맛이라면……

최근 악비, 한세충, 유기 등이 금군을 연파하고 있으니

이것이 쓴맛 아니오?

그게……

무장이 장기간 병권을 쥐고 있으면 야심이 커집니다. 당 후기의 번진 할거를 생각해 보십시오.

폐하는 이들 장수를 조심하셔야 합니다. 진짜 위협은 금나라가 아니지요.

뭐 잘못 됐소?

204

음, 태조 황제도 그렇게 해서 용포를 입으셨지.

따라서 국면이 유리한 틈을 타 금나라와 화친을 맺으십시오.

음… 생각해 보겠소.

고종은 진회의 말이 일리가 있다고 여겨 전선의 장수들을 모두 불러들이고 금나라에 사신을 보냈다.

한세충, 악비, 그대들이 큰 공을 세웠으니 벼슬을 올려 주겠소.

네?

한세충은 추밀사, 악비는 추밀부사가 되어 전국의 병마를 관장하시오.

갑자기 웬 승진?

신은 전선에 나가 싸우는 게 더 어울립니다.

양국이 곧 협상을 진행할 예정이라 더 이상 전쟁은 없소.

저들이 두 황제와 빼앗아 간 영토를 돌려주지 않으면 협상은 없습니다!

무엄 하구나!

썩 나가 시오!

흥!

악비가 무장 이라 예절을 잘 모르니 신이 잘 타이르겠습니다.

나가 보시오.

왜 냉정하지 못하고 폐하 앞에서 그런 말 을 했소?

명목상 관직을 올려주는 것이지 실제로는 우리의 병권을 뺏으려는 것 아니오!

군대가 소인의 손에 들어가면 금의 침입을 막아 내지 못 할까 걱정이오.

이 나라가 어찌 되려고 ……

금이 폐하의 성의에 매우 흡족해 하며 화친 조건을 내걸었습니다.

그래, 어떤 조건이오?

첫째, 양국은 회하에서 대산관을 경계로 상호 침범 하지 않는다.

금의 욕심이 너무 크구려!

이는 중원과 산동을 모두 먹겠다는 건데.

하지만 회하 이북은 방어가 쉽지 않아 오늘 점령해도 내일 빼앗기니…

계속해 보시오.

둘째, 폐하가 금에 신하를 칭하고 이후 금의 황제가 폐하를 송의 황제에 봉한다.

그러면 백관들 앞에서 면목이 서지 않는데.

체신 떨어져!

다 방법이 있습니다. 휘종 황제가 얼마 전 금에서 돌아가셨는데 폐하는 복상 기간을 핑계로 금을 피하시면 됩니다.

신이 금과 교섭해 절대 머리를 숙이는 일이 없도록 하겠습니다.

그럼 됐고. 다른 요구 조건은 없었소?

매년 은 25만 냥과 비단 25만 필을 요구했습니다.

요구 조건이 가혹하긴 하지만 전쟁만 피한다면 짐은 더 바랄 게 없소.

정강의 변 때 금이 많은 종실과 후비를 잡아갔는데 다시 데려올 사람이 있습니까?

맞다! 짐의 생모인 위태후를 모시고 오시오.

또 없으십니까?

짐의 생부인 휘종 황제가 돌아가셨으니 유해를 모셔 오고 싶소.

그럼 흠종 황제는요?

일부러 그를 언급하는 이유가 뭐요?

형님들은 금나라에 얌전히 있어야지.

황위를 보존하려면 절대 돌아오면 안 된다고.

금나라

조환, 축하하오. 곧 귀국할 수 있겠소.

이렇게 반가운 일이! 금의 황제가 날 돌려보내는 것이오?

양국이 화친을 맺었는데 우리 황제가 그대 부친의 유해와 태후 그리고 그대를 본국으로 송환한다고 했소.

정강 3년에 잡혀온 후로 무려 13년이 흐르고서야

고국으로 돌아가는구나!

210

우리 황제가 그대를 괄시했지만 난 내 직권 내에서 그대를 후대했소.

귀국해 황제가 되면 명절 때마다 날 기억했다가 돈을 좀 부쳐 주시오.

아우가 황위를 물려줄 리는 없고 기껏해야 친왕에 임명되겠지.

다 다 다 다

어머니, 왜 절 버리고 가십니까?

네 아우가 나와 네 부친의 유해만 귀국을 허락했다.

왜…… 왜죠?

네가 귀국 하면 황위를 빼앗길까 두려운 게지.

저는 절에 들어가 절대 황위를 다투지 않겠다고 아우에게 꼭 전해 주십시오!

으엉─

그만 돌아갑시다!

안 돼!

1141년, 송은 금과 굴욕적인 화친을 맺고 10년간 이어진 전쟁 상황을 종식했다. 이 화친은 고종 소흥 11년에 체결되어 '소흥 화친'이라고 부른다.

'막수유'로 억울하게 죽은 악비

주전파 악비는 투항파인 진회 및 전쟁을 주저하는 고종과 끊임없이 마찰을 일으켰다.

소흥 화친 이후 악비의 이용 가치가 없어지자 고종의 묵인 하에 진회는 악비 음해 계획을 꾸미기 시작했다.

만사설, 악비의 모반 증거는 찾았느냐! 털끝만 한 죄목이라도 그를 사지로 몰아넣을 수 있다.

대인, 저… 그것이…

악비가 미움을 산 사람이 많고 다른 증거를 찾으려면 쉽지만 모반까지는 힘들……

죄가 없으면 만들어야지. 널 키워준 밥값이라도 하란 말이다!

악비의 공적과 명망이 너무 높아서 모반이 아니면 그를 쓰러뜨리기 힘들어.

폐하, 신이 악비가 모반했다는 증거를 찾아 냈습니다.

진회, 감히 날 모함하는 것이냐!

악비, 진정하시오. 일단 무슨 죄목인지 들어 봅시다.

이것은 악비의 아들 악운이 부장 장헌에게 쓴 편지입니다.

장헌에게 양양에서 반란을 일으켜 악비를 위해 병권을 빼앗으라고 지시했습니다.

음
……

신에게 물증 외에 증인도 있습니다.

당장 데려 오시오.

왕귀, 왕준, 너희가 날 배신 하다니…!

신과 왕준은 악비 수하에서 일하며 악비가 장헌과 함께 모반을 꾸미는 걸 똑똑히 보았습니다.

신이 회서에서 금군에게 공격당할 때 악비는 신을 구하지 않았을 뿐 아니라 진지까지 버렸습니다.

고주알~

미주알~

허튼소리 마라!

215

왕준, 근거가 있는 말인가? 악비가 그리했다고 믿지 못하겠다!

한 장군님, 아무리 악비와 교분이 두터워도 공과 사를 구분해야지요.

악비, 왜 아무런 변명도 않는 것이오?

마음만 먹으면 무슨 구실을 못 만들겠습니까?

증인에 물증까지 있으니 악비를 형부에 보내 심문하는 수밖에 없다.

폐하!

한 장군, 그만하시오. 내게 죄가 없음은 하늘과 땅이 알고 있소!

여기 서서 뭐 하십니까? 빨리 형부로 가시죠.

헤헤

내 이 치욕을 결코 잊지 않겠다!

216

형부

악!

장헌, 악비가 모반했다고 불기만 하면 살려 주겠다.

악 장군은 아무런 죄가 없소.

악비는 사형 당할 텐데 같이 죽을 필요는 없잖은가?

내 저승에 가서 염라대왕께 너희 간신 놈들을 고발하겠다!

호의를 모르는 저놈을 매우 쳐라!

으악!

천천히 즐겨라. 악운 놈에게 갔다 와서 보자.

217

악운, 장헌이 이미 불었으니 너도 그만 자백해라.

넌 악비의 양자인데 뭐하러 따라 죽으려고 하느냐?

튀!

앗!

고오얀!!! 똥인지 된장인지 구분도 못 하는 놈!

콰르릉!

악비, 폐하께서 널 그토록 신임했는데 왜 모반을 꾸몄느냐?

나는 나라에 잘못한 일이 없다. 충신을 모함하지 마라!

죄를 인정하지 않으면 혹독한 고문을 가할 것이다!

좋다. 붓과 종이를 가져와라.

진즉 그랬어야지. 자백서를 쓰면 육체적인 고통은 덜 수 있다.

여봐라, 악비에게 탁자와 지필묵을 내주어라!

219

* 정충보국精忠報國!
정성과 충정을 다 바쳐 국가에 보답한다는 뜻.

목숨을 잃을지언정 만세에 더러운 이름을 남기지 않으렵니다.

기… 기다려라!

대인, 악비를 어떻게 할까요?

일단 옥에 가두어라.

심문이 두 달 동안 계속됐지만 진회는 악비의 모반 증거를 찾아내지 못했다.

악비가 모반했다며 이렇게 오래 심문했는데 증거는 찾은 거요?

눈엣가시 한 장군이군. 뭐라고 하지?

증거는 없지만 악비의 모반은 '막수유*'에 해당하오.

'막수유'라고?

* 막수유莫須有
반드시 없다고는 할 수 없음. 즉 혹시 있을지도 모른다는 뜻임.

222

세상 사람들이 '막수유'라는 죄목에 수긍할 것이라 여기시오?

공무 중이니 한 장군은 별일 없으면 돌아가시오.

빨리 대답하시오!

조정에 소인이 득세해 나도 해를 입지 않으려면 사직하고 고향으로 돌아가야겠다.

진회의 집

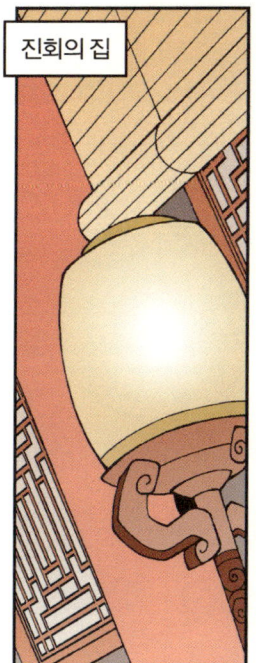

여보, 무슨 일로 이렇게 노심초사하십니까?

부인 ······

악비 일 때문 아니겠소?

악비가 당신 손아귀에 들어왔으니 절대 놓아 주어서는 안 됩니다.

하지만 악비의 명망이 너무 높은 데다 폐하의 지시도 없어서 손을 쓰기 어렵소.

고조 이래로 공신을 해친 적이 없는데 폐하가 어찌 이 전례를 깨겠습니까?

또 악비가 모반할 마음이 없음은 온 천하가 알고 있습니다.

따라서 악비를 죽이는 사람은 후세에 오명이 남아요.

이제 알겠소. 폐하가 내게 누명을 뒤집어씌우려는 것이구려.

선택은 당신 몫입니다.

폐하는 똑똑한 분이어. 날 용납한다는 건 아직 이용가치가 있단 말이겠지!

1142년, 악비가 감옥에서 살해당했을 때 그의 나이 겨우 39세였다. 그의 아들 악운과 부장 장헌도 함께 피살되었다.

224

서생 우윤문이 금을 물리치다

소흥 화친 이후, 송·금 양국은 20년간 전쟁을 벌이지 않았다. 그런데 1161년, 금의 완안량이 갑자기 60만 대군을 거느리고 남침하여 남송의 전선이 궤멸되었다. 이에 중서사인 우윤문이 명을 받들고 군대를 위문하러 갔다.

아군이 정말 대패했구려!

예, 완전히 박살났네요. 쯧쯧…

우윤문, 금군이 회하에서 장강으로 갔으니 사서 목숨을 버리지는 맙시다.

20년간 나라가 태평해 군인이 홀대를 받아 투지가 사라졌소.

우리는 장병들의 사기를 진작해 장강 방어선을 지켜야만 하오.

설마 여기가
전선이란
말인가?

에휴······

금군이 곧
강을 건널 텐데
여기 앉아서
뭣들 하느냐?

장수들이
다 도망갔는데
어찌 싸웁니까?

왕권이 해임
되고 이현충 장군
으로 교체하지
않았느냐?

모르겠습니다.
아무튼 아무도 오
지 않았습니다.

봐라,
금군의 배가
맞은편에서
닻을 올렸다!

두둥

금군이 쳐들어오니 빨리 군사를 소집하라!

이봐, 여기 문관 나리가 다들 집합하래!

에? 문관 나리가?

조정에 사람이 그리 없나? 문관을 왜 전선에 파견했대?

일단 가 보자. 우리를 이끌고 싸울 수 있을지도 모르잖아.

나는 조정의 명을 받고 이곳에 군대를 위로 하러 왔다.

너희들이 공을 세우면 조정에 보고해 큰 상을 내리겠다!

우리에게 상을 준다고…?

227

금나라에 당한 걸 생각하면 누가 이끌더라도 목숨을 걸고 싸우겠습니다!

끝까지 적을 막겠습니다!

조정에서 군대를 위로하라고 우릴 보냈지 전쟁을 독려하라는 건 아닌데 왜 그 짐까지 지려 하시오?

나라에 재난이 닥쳤는데 자기만 살자고 어찌 책임을 회피한단 말이오?

자, 작전 계획을 알려 주겠다.

하명하십시오!

두 두—

둥 둥—

229

신호를 보내라!

슝—

돌격!

맙소사!

저길 봐! 남송의 수군이 갈대 속에서 나온다!

230

금군의 배를 들이받아라!

앗! 오… 오지 마!

쾅!

앗, 배가 흔들린다!

지쪽에서 군대가 오고 있소!

宋

앗!

괜찮소. 깃발을 보니 아군이구려.

애고, 깜짝 놀랐네.

어디서 오는 부대요?

광주를 지키다 패하여 여기까지 오게 됐소이다.

잘 왔소. 이곳은 전쟁 중이니 빨리 도와주시오.

따라 오시죠.

그럼 갑시다!

수풀 뒤에 몸을 숨기고서 북을 울리고 깃발을 흔드십시오.

둥ー 둥ー 둥

232

송군의 지원병이 도착했다. 빨리 철수하라!

와, 우리가 이겼다!

다 다 다

어찌 된 일이오? 전투가 이미 끝났소?

이현충 장군이 오셨구려.

용서하십시오. 금군이 강을 건너려는데 장군이 도착하지 않아 주제넘게 장병들을 이끌고 전투에 임했소이다.

그대가 금군을 물리친 것이오?

오~

233

234

235

금군에 내란이 발생해 완안량이 피살되고 금군은 철수했습니다.

오, 그거 반가운 소식 이군!

대체 어찌된 일이오?

완안량이 성미가 난폭하여 패배의 분을 장병들에게 돌리다가

결국 모반을 일으킨 병사들에게 살해됐답니다.

금나라는 이 내란을 거치며 국력이 크게 약화돼 다시 남송과 화친을 맺었다. 이로써 양국의 전쟁은 소강상태로 접어들었다.

불의를 많이 저지르면 자멸하게 되는 법. 이제 송나라는 안전해졌소.

안심─

남송

남송

南宋

인물소개

신기질辛棄疾
남송의 사인. 21세 때 항금 의용군에
가담했으며 호북안부사 등의 직책을
역임했다. 일생 동안 항금을 주장한
그의 사詞는 애국 충정으로
충만하고 큰 뜻을 이루지 못한
비분을 토로하고 있다.

한탁주韓侂胄
집정한 14년간 전권을
휘둘렀다. 조야의 항금
요구에 부응하려 북벌 전쟁을
일으키고 항전을 견지하다가
투항파에게 살해당했다.

필재우畢再遇
관직은 하급 군관에 불과했지만
일찍이 송 효종孝宗의 부름을 받고
전포戰袍와 금전을 하사받았다.
아버지 필진畢進은 악비의
부장이었다.

사미원史彌遠
남송의 권신.
한탁주를 살해하고
그의 머리를 금나라에
보내 화친을 맺었다.

구처기丘處機
금나라 말기 전진교全眞教의 도사. 금과 몽고 통치자
에게 존경을 받았고, 멀리 서역으로 가 칭기즈칸에게
살육을 줄이라고 권해 유명해졌다. 전진교의 '칠진
七眞' 중 하나이며, 용문파龍門派의 시조이다.
원 세조 때 '장춘진인長春眞人'으로 추봉되었다.

가사도賈似道
송 이종理宗 때의 권신.

쿠빌라이忽必烈
칭기즈칸의 손자.
1260년에 몽고 제국
칸에 올랐다. 1271년에는
원元나라를 건립하고 초대
황제인 세조가 되었다.
몽고의 탁월한 정치가
이자 군사가이다.

육수부陸秀夫
남송 말기의 정치가이자
항원 명신. 문천상,
장세걸張世傑과 함께
'송말 3걸'로 불린다.

유정劉整
남송을 멸망하게 한 역신.
원에 항복한 후 공격하기 쉬운
노선을 정리해 원군이 남송의
도성 임안까지 신속하게
진격할 수 있도록 도왔다.

문천상文天祥
충렬지사로 후세에 이름을 남겼다.
원에 포로로 잡힌 후 세조가 높은 벼슬과
많은 녹봉으로 항복을 권했지만 충절을 지켜
죽음을 택했다. 중국 역사에 애국 장수이자
저명한 시인으로 기록되어 있다.

애국 사인 신기질

금의 완안량이 대거 남하하자 북방과 중원의 백성은 금의 후방이 빈틈을 타 잇달아 기의했다. 그 중 산동의 경경耿京이 이끄는 의용군의 세력이 가장 막강했다. 그는 가서와 신기질을 남송에 보내 송 조정과 연락을 취했다.

신기질, 난 농사꾼 출신이라 일자무식이네. 황제와의 대화는 자네가 맡아 주게.

가서, 함께 힘을 합쳐 금에 대항하자고 하면 황제도 크게 기뻐할 거야.

그 말을 들으니 마음이 놓이네.

임안

두 용사를 환영하오!

폐하를 알현합니다.

저희 수령 경경이 내무와 태안을 점령하고 조정에서 접수해 주길 기다리고 있습니다.

조근조근

훌륭하다. 나라에는 그대들 같은 인재가 필요하다.

북방 백성들은 가뭄에 단비를 바라듯, 폐하와 조정을 그리워하고 있습니다.

편히 앉아서 얘기하라.

감사합니다!

신기질, 북방 상황에 대해 좀 더 자세히 얘기해 봐라.

예, 폐하!

금의 잔혹한 통치에 모진 고통을 겪던 백성들이 잇달아 봉기하고 있습니다.

하지만 지도력 부재로 금군에게 쉽게 각개격파 당하는 실정이라서 조정의 지원이 절실합니다.

알겠다. 짐이 경경을 천평군절도사에 봉하고 군수 물자와 군대를 공급해 주겠다!

핫ㅡ

삼사합니다, 폐하!

폐하가 이렇게 우릴 후대한 걸 알면 경 수령도 분명 기뻐할 거야.

그럼!

가서, 신기질!

멈추시오!

그대는 누군가? 우릴 아는가?

저는 의용군입니다. 경 수령과 동향이기도 하고요.

엉엉……

왜 그러는지 천천히 말해 보게.

역적 장안국이 금군과 결탁해 경 수령을 죽이고 의용군을 해산 시켰습니다.

뭐라고?

장안국은 어디 있느냐? 내 이 놈을 죽여서 경 수령의 원수를 갚아야겠다!

금에게 제주수비로 봉해졌습니다.

이 나쁜 매국노 놈!

의용군이 해산돼 돌아가도 소용없네. 차라리 송에서 벼슬을 하는 게 낫겠어.

흠…

벼슬이 좋으면 자네나 하게. 난 경 수령의 원수를 갚아야겠네!

아... 아니, 난...

경 수령의 복수를 원하는 자는 나를 따르라!

저도 가겠습니다!

다다다

......

인원이 모자라 난 해주로 가서 병사를 모집할 테니 다들 제주에서 모이자!

알겠습니다!

신기질은 병사를 소집해 장안국의 본영으로 쳐들어갔다.

다들 나를 따르라!

248

멈춰라! 무슨 일이냐?

너희는 전에 모두 경 수령의 부하가 아니었느냐?

대체 누구요?

나는 신기질 이다. 장안국을 만나러 왔다!

신기질 이라고?

죽기 싫으면 비켜라!

후다닥

금과 손잡길 잘했어. 변경 총독에 임명되고. 경경의 수하일 때보다 훨씬 좋잖아!

맞습니다. 껄껄~

장안국, 이 후안무치* 한 놈아!

아니, 너는 신기질?

장안국을 잡아라!

앗!

목숨만 살려 주게!

덜~ 덜~

내가 아니라 폐하께서 널 처결 할 것이다!

* 후안무치|厚顔無恥
얼굴이 두껍고 부끄러움이 없다는 뜻으로 뻔뻔스러워 부끄러워할 줄 모름.

고종은 야밤에 적진으로 가 역적을 사로잡은 신기질을 크게 칭찬했다. 그러나 고종이 이미 연로해 중원을 수복할 마음이 없어 신기질은 원대한 포부를 이루지 못하고 다만 시가를 통해 마음을 달랬다.

신 대인이 누추한 저희 집에 왕림해 주셔서 영광입니다.

한 상서의 생신을 진심으로 축하드립니다.

안으로 드시죠.

강남은 좋은 곳, 예부터 경치가 좋다고 입을 모아 말했지.

좋구나.

해 뜨면 강가의 꽃은 불꽃보다 더 붉고, 봄이면 강물은 쪽빛처럼 파랗네. 그래서 강남을 못 잊는 것이리.

정말 잘 부르지 않습니까?

백거이의 「억강남憶江南」은 확실히 마음을 울립니다.

신 대인의 사는 우리 왕조 최고인데 한 상서에게 축수해 주면 어떨까요?

좋습니다.

노부의 체면을 한 번만 살려 주시지요.

에헴—

그럼 ……

거문고를 잠시 빌리자꾸나.

예, 대인

초나라 하늘 천리의 맑은 가을, 물은 하늘 따라 흘러가고 가을은 끝이 없어라.

아득한 봉우리를 바라보면 수심을 주고 한을 주는 옥비녀 소라 상투 같은 산.

해지는 누각 머리 외떨어진 기러기 소리 속에 강남 나그네.

숙연

고요

검을 잡고 보네, 난간을 두드려도 사람들은 모른다. 누각에 오른 기분을.

농어회 감당 할 수 있다 말하지 마라. 서풍이 한참 일 때 계응은 돌아왔는가.

밭 구하고 집사는 일 기백 넘치는 유비 보기 부끄럽겠지? 안타깝게 지나간 세월 비바람에 시름하니 나무가 오히려 이와 같구나.

누구에게 청해 붉은 수건 푸른 소매의 여인을 불러 영웅의 눈물을 닦게 하리!

애절~

옛 땅을 수복하는 날 한 상서께 더 멋진 축수를 올리리다.

아!

말은 적로처럼 나는 듯 달리고, 활은 벼락 치듯 시위가 놀란다. 군왕의 천하 통일 위업 모두 마치면 생전에 쌓은 공적 후세까지 떨칠진대 가련하게도 늘어만 가는 백발이여!

신기질의 사詞는 늘 열정적인 감정과 숭고한 이상으로 삶을 포용하며 영웅의 호기와 비분강개를 표현했다는 특징을 가지고 있다.

양을 거꾸로 매달아 무사히 철수한 필재우

금나라는 풍요로운 중원을 점령한 후 향락에 빠져 점점 투지를 잃어갔다. 반면 남송은 영종寧宗 즉위 후 권신 한탁주의 주도로 잃어버린 땅을 되찾기 위해 북벌을 적극적으로 추진했다.

사실 우리는 이렇게 오래 기다리지 않고 60년 전에 중원을 회복할 수 있었습니다.

한탁주, 악비를 두고 하는 말이오?

그렇습니다.

악비가 언성 대첩 후 일거에 중원을 수복하려 했으나 간신 진회가 일을 망쳤지요.

따라서 북벌은 악비의 누명을 벗겨 주고 진회를 단죄하는 것입니다!

255

악비를 악왕에 봉하고 나라에서 제사 지내 주길 건의합니다.

그리 하시오!

진회는 나라를 팔아먹었으니 작위를 박탈하고 시호를 무추*로 바꿔야 합니다.

뭐요?

폐하, 나라를 위해 온 힘을 바친 진회에게 매국의 증거는 어디에도 없습니다.

사미원, 그대도 진회와 한패거리인 투항파잖소?

모함하지 마시오!

그만들 싸우시오! 지금은 북벌이 가장 중요한 목표이니 정무는 한탁주가 책임지시오.

* 무추繆醜
추악하다는 뜻.

흐흐,
쌤통이다.

폐…
폐하!

1206년, 남송은 북벌에 나
섰지만 전쟁 준비가 충분
치 않았던 데다 한탁주의
인재 발탁 실수로 번번이
싸움에서 패했다.

필재우,
각 우군이 모두
싸움에 지고 물러나
곽 지휘사가 철군
명령을 내렸소.

곽 지휘사에게
돌아가 사주를
뺏고 금을 견제
하겠다고 전해
주십시오.

어쨌든 난
말을 전했으니
알아서 하시오.

필 장군, 우군도 없이 겨우 기병 480명으로 사주를 함락하긴 어렵습니다.

전쟁은 상대의 허를 찔러 승리하는 것이 중요하다.

자네는 서쪽에서 북을 크게 울리며 성을 공격하는 모습을 취해 적을 유인해라. 그 틈에 내가 성 동쪽을 공격하겠다!

宋

알겠습니다!

적만 만나면 겁부터 먹는 것이야말로 군인의 수치다!

출격하라!

사주

장군, 연기와 먼지가 자욱한 게 적의 군대 같습니다.

金

258

다들
돌격하라!

와아-

이놈들,
가만두지
않겠다!

누… 누구냐?

나는 필재우다. 너희들은 송의 유민이 아니냐? 빨리 투항해라!

목숨만 살려 주십시오!

금군에 잡혀 억지로 종군할 걸 알고 있다. 다들 일어나라.

감사합니다!

필재우가 지략으로 사주성을 함락하자 연이은 패전 소식에 애를 태우던 한탁주는 그에게 북벌 책임을 맡겼다.

무공대부로 승진한 걸 축하드립니다. 양회의 전황이 모두 장군에게 달렸습니다!

내 목표는 승진이 아니라 중원 땅 수복이다.

하지만 현재 상황으로 봐선 쉽지가 않구나.

앞쪽에 금의 대군이 있습니다.

뭐?

중과부적입니다. 속히 철군하시죠!

육합의 성곽이 높고 견고하여 방어에 유리합니다.

맞는 말이다만 적은 기병이라 퇴각하는 사이 따라잡힐 가능성이 높다.

이곳에 영채를 차리고 전투를 준비하라!

장군!

내게 다 방법이 있으니 일단 명령을 따르라.

예!

너는 부근 농가에 가서 양 몇 마리만 사 오너라.

네?

금군 진영

마침내 필재우를 봉쇄했다.

으하하!

필재우는 송군 중 유일하게 패전하지 않은 장수다. 이런 그를 없애면 송군은 저절로 와해될 것이야.

262

하하, 그때가 되면 양회 지역은 모두 금의 차지가 된다!

우하하하!

둥둥둥

엥! 웬 북소리지?

송군이 쳐들어오는 건가?

송군은 훈련 중이며 공격의 기미는 없습니다.

그러면 그렇지. 그들이 감히 공격해 올 리 없다.

잠시 공격을 미루고 다른 부대가 합류하길 기다렸다가 철저히 깨부수고 말 테다.

기다려라— 이놈들!

둥둥둥

장군, 송군의 북소리가 사흘 밤낮으로 이어지는 게 수상합니다.

그렇긴 하구나.

일부 군사를 이끌고 가서 어찌된 일인지 염탐하고 오너라.

예, 장군!

송군 영채에 수비군이 하나도 없습니다.

뭣?!

그럼 모두 허장성세였단 말이냐!

매복이 있을지 모르니 조심하십시오.

설사 호랑이 굴이라도 뛰어 들어야겠다!

宋

宋

적막——

송군이 전부 달아 났습니다.

언제 달아났기에 그동안 우리에게 발각되지 않았단 말이냐?

이미 사흘은 된 듯합니다.

뭐?

둥둥둥

그럼 이 북소리는 뭐지?

당장 북을 울리는 놈을 잡으러 가자!

두둥

매에~

앗!

매에~

둥둥둥

양을 거꾸로 매달아 앞다리에 북채를 묶고 정신없이 북을 치게 했군요.

양이었어?

필재우는 보통내기가 아니다.

절레절레

266

한탁주의 북벌
꿈이 깨지다

필재우가 연전연승을 거두었지만 나머지 부대들이 힘을 못 쓰는 통에 금군은 남송의 요지 육합 포위에 힘을 집중했다.

필 장군, 금군의 영채가 성 밖 30리까지 이어져 있어서 외부 통로가 모두 막혔습니다.

다들 두려운가?

조금 두렵기는 합니다.

금군의 숫자가 너무 많고 우린 지원병도 없습니다.

솔직—

화살 비축량도 얼마 안 돼 금군이 죽음을 각오하고 쳐들어오면……

병사들이 적을 많이 두려워하고 있어. 사기를 진작할 방법을 찾아 봐야겠다.

골똘

지금 당장 성루에서 연회를 열어라.

네?

술맛 좋다!

강적을 앞에 두고도 한가롭게 술판을 벌이고 있어.

268

평생 한 번도 패하지 않은 필 장군이 여유를 보이는데 우리가 조급할 필요는 없잖아?

필 장군에게 적을 물리칠 계책이 있는 게 분명해. 우린 그저 명령에만 따르자고.

맞는 말이야. 필 장군이 있는데 뭐가 두렵겠어!

계획이 통했다. 병사들만 동요하지 않으면 적은 절대 우릴 무너뜨리지 못해.

장군, 찾으셨습니까?

그래.

너희들은 일부 군사를 거느리고 성을 나가 교대로 금군을 치고 빠져 편히 쉬지 못하게 만들어라.

예, 장군!

와—

와—

쉬—

쉬—

슉—

금군의 공격이 거센데 화살이 다 떨어졌습니다!

뭐? 화살이?

성 위에 푸른 차광막이 보입니다. 중요한 인물이 있는 게 분명합니다.

내게 좋은 방법이 있다!

270

십중팔구 필재우다!

궁수들에게 차광막을 집중적으로 쏘라고 명해라!

슝

슉

슉

슝

슝슝—

장군의 묘책에 감탄이 절로 나옵니다요!

차광막을 여러 개 설치해 화살을 좀 더 많이 빌리자.

금군이 막사를 정리하는 게 철군하려는 것 같습니다.

그거 잘됐군!

그래?

271

지난번에 화살 20만 개를 바쳐서 화가 머리끝까지 났을 겁니다.

하하하!

지금이다. 추격을 준비하라!

육합을 지켜낸 것만도 대단한 공인데

이 군사로 적을 쫓는 건 무리라고 생각됩니다.

걱정 마라. 난 지는 싸움은 절대 하지 않는다.

가서 아주 먹음직스러운 콩을 몇 솥 쑤어라!

콩이요?

다다다

장군,
송군이 추격해
옵니다.

뭐라?

가증스런
필재우 놈이
사람을 가지고
노는구나!

울화통ー

그와 끝장을
보겠다!

예, 장군!

금군이
군사를 돌려
반격해
옵니다!

빨리
철수해라!

274

죄 무능한 놈들뿐인데 다행히 필재우가 적을 대파했으니 그에게 지휘권을 넘겨줘야겠다.

당연합니다. 필재우가 연전연승해 형세가 오히려 우리에게 유리합니다.

처음부터 그에게 지휘권을 맡겼으면 이 지경에 이르지 않았을 겁니다.

필재우의 나이가 이미 예순이다. 지난 조정이 유약하여 영웅을 헛늙게 만든 것이 한스러울 뿐이구나.

그런 인재는 젊을 때부터 기용했어야 하는데…

한탁주가 금나라 공격을 강행하면서 인력과 재물을 물 쓰듯 낭비하고 있소.

사미원

한탁주의 정책 실수를 빌미로 그를 없애는 게 좋겠습니다.

그가 정말 금을 멸하기라도 하면 세력이 막강해져 우리에게 더욱 불리하오.

황후도 그에게 불만이 많은 지라 폐하께 험담을 늘어놓아 달라고 청해 보리다.

그리합시다!

어떻게 됐소?

황후와 황자 순이 여러 차례 간했지만 폐하가 한탁주를 너무 신임하고 있소.

그럼 최후의 비상수단을 쓰는 수밖에.

비상수단 이요?

사실 한탁주 곁에 내 사람이 있소.

ㅋㅋ

대인, 사미원 쪽에서 대인을 해칠 음모를 꾸민다고 합니다. 입조하실 때 사람을 많이 붙여야 겠습니다.

그가 감히 내 상대가 되겠느냐?

게다가 중군통제 하진이 날 수행해 안전에는 아무 문제가 없다.

그래도 ......

시작해 볼까?

터벅

터벅

277

하진, 왜 수레를 멈추느냐?

한탁주를 끌어내라!

뭐하는 짓들이냐?

미안하지만 황후와 사 대인에게 그대를 죽이라는 명을 받았소.

이 배은 망덕한 놈!

한탁주가 죽은 후 조정을 장악한 사미원 등이 금에 조공을 바치면서 양국의 전쟁도 멈추었다. 하지만 이 전쟁을 거치며 금의 국력이 더욱 쇠퇴해져 북방에서 새로 부상한 몽고에게 밀려나고 말았다.

커억!

구처기,
칭기즈칸을
만나다

전진교는 도교의 분파 중 하나로 청정무위를 주장하고 신선이 되기를 추구하여 전쟁에 휩싸인 중원에서 크게 성행했다.

1203년, 구처기가 교주가 된 후 금과 남송 모두 전진교를 자기편으로 끌어들이려 했다.

금의 사신이 또 편지를 전하며 사부님에게 황제를 만나 달라고 청했습니다.

어찌하시겠습니까?

지평아, 황제가 왜 날 부르는 것 같으냐?

그건…

우리 전진교의 영향력을 이용해 반란에 가담한 백성을 귀순시키려는 게 아닐까요?

빙긋

그리 생각하냐?

내가 업무가 바빠 몸을 뺄 수가 없으니 다음에 기회가 되면 뵙겠다고 답장을 보내라.

예, 사부님!

윤 사형!

이 사제, 무슨 일인데 이리 허둥 대느냐?

몽고에서 사부님께 편지를 보냈 습니다.

몽고에서도 우리 전진교를 자기편으로 만들 려 하는구나.

몽고인은 대초원에서 살며 말타기와 활쏘기에 능해 금나라도 그들의 적수가 못 된다.

와! 그렇게 대단해요?

사부님, 몽고는 어디에 있습니까?

몽고인은 아주 잔인하여 저항하는 성 주민의 씨를 말려 버린다고 한다.

아무래도 그들을 교화하러 가야겠다.

당장!

사부님은 일흔이 넘으셨고 몽고도 북방 멀리 있어서 체력이 견디지 못할까 염려됩니다.

몽고가 이미 남하해 그들을 교화하지 못하면 백성이 재앙을 당하게 된단다.

아!

너희들은 빨리 짐을 꾸려 몽고로 떠날 채비를 해라.

예!

휘잉~

획~

연이은 전란으로 백성들이 사방을 떠도니 언제 평안한 날이 올꼬?

한 푼 줍쇼!

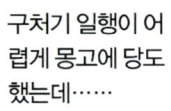

구처기 일행이 어렵게 몽고에 당도했는데……

와, 여기가 몽고 초원인가 봅니다. 정말 아름답습니다!

이야-

나는 전진교의 구처기로 몽고 칸인 칭기즈칸을 뵈러 왔습니다.

이런, 칸은 지금 서쪽의 내만을 정벌하러 갔습니다.

언제 돌아 옵니까?

확실히는 모릅니다. 이따금 몇 년씩 정벌을 나가 영토를 수천 리씩 늘리기도 하니까요.

아으~
너무 춥다.

서역 날씨는
정말 변덕
스러워.

그래도
사부님과 윤
사형은 끄떡
없으신데.

집

중

저것 봐!

이 사형,
뭘 쓰는 거
예요?

궁금~

이번 여행
기록.

이번에 보고
들은 것을 모두
기록했다가
『장춘진인서유기』
를 내려고.

좋은 생각
입니다.

물살이 아주 세니 넘어지지 않게 조심해라.

사부님께서도 조심하십시오.

콸콸!

쏴쏴쏴

사부님, 제 손 잡으세요.

조금만 더 힘내자. 이제 다 왔다.

오냐. 고맙구나.

헉, 조 사형!

휘청~

사형, 정신 차리세요!

빨리 도견을 성 안으로 부축해라!

이미 선덕에 있을 때 더는 힘들다는 걸 알았다…

불길한 얘기 마세요.

286

사부님은 항상 도를 닦는 사람은 생사에 마음이 흔들리지 말고 고락에 마음 두지 말라고 가르치셨다.

내가 죽은 후 너희들이 사부님을 잘 모셔라…

조 사형 ······

도견, 수도자는 세상 모든 곳이 다 고향이다. 편히 잠들어라.

흑흑

가자. 칭기즈칸의 군영이 멀지 않았다.

사형, 편히 쉬세요.

1222년, 구처기는 2년이 넘는 긴 여정 끝에 설산에서 마침내 칭기즈칸을 만났다.

칸을 뵙습니다.

구 도인, 오느라 고생 많았소!

몸이 건강해 보이는데 올해 연세가?

일흔넷 입니다.

일흔넷에 중원에서 여기까지 걸어서 오시다니 도인은 정말 신선이십니다!

탄복

288

구도인…

내가 요즘 자주 피곤한데 장생의 비법을 좀 가르쳐 주십시오.

장생은 따로 비결이 없습니다. 마음을 편히 가지고 욕심을 줄이십시오.

하 하~

천하에 아직 정복할 땅이 많아서 욕심을 버릴 수는 없소이다!

허나 도살하지 않으면 저항이 거세집니다.

땅은 정복하되 성의 주민을 학살하지 않는 것도 공덕인 셈이어서 장생할 수 있습니다.

말 위에서 천하를 취할 수는 있지만 다스릴 수는 없다는 속담이 있지요.

이는 곧 무력으로 천하를 취하고 문화와 교육으로 다스리라는 말입니다.

몽고는 인구가 많지 않아 백성의 신임을 잃으면 정복한 그 많은 영토도 결국 잃고 맙니다.

일리 있는 말씀이오. 앞으로는 되도록 불필요한 학살을 줄이겠소.

현명한 판단이십니다.

칭기즈칸은 이를 계기로 그의 아들에게 중원 문화를 가르치기 시작했다. 훗날 몽고가 금, 송과 싸울 때 대학살이 확실히 줄어든 건 구처기의 영향이 컸다고 볼 수 있다.

퇴각하는 쿠빌라이에게 조공을 바친 가사도

남송과 금의 국력이 점점 약화되고 있을 때, 북방의 몽고족이 흥기하면서 서하와 금을 차례로 멸망시켰다.

1258년, 몽고는 군대를 세 길로 나누어 남송으로 진격했다. 그중 중로군은 몽케칸의 아우 쿠빌라이 왕자가 지휘했다.

왕자님, 큰일 났습니다!

몽케칸께서 조어성 공격 중에 전사하셨습니다!

뭐라고?

지금 송군의 사기가 올라가 단숨에 이기기 어려우니 귀국해 칸 자리를 이으십시오.

하지만......

봐라. 맞은편이 바로 악주성이다!

악주성을 점령해 장강 상하류의 연결만 끊으면 송나라를 멸하는 건 시간 문제다.

아무 공도 없이 돌아가면 무슨 면목으로 제위를 잇겠느냐?

칭기즈칸의 자손이란 명성에도 걸맞지 않다!

대군은 강을 건너라!

송을 멸해 칸의 원수를 갚자!

와ー

와ー

292

악주

송의 승상
가사도가 구원병
을 이끌고 오고
있습니다.

알았다.

가사도는
겁쟁이라 내가
그를 위협할 테니
너는 성을
공격해라.

예,
왕자님!

나를
따르라!

293

승상, 몽고군이 이쪽으로 맹렬히 달려옵니다!

뭐?

가사도는 목을 내놔라!

우다다

빨리 달아나자!

승상!

승상이 도망간다. 철수하라!

나 참!

이 무슨...

공격도 안 했는데 놀라서 달아나는구나. 쫓지 마라!

하하

가사도 진영

쿠빌라이가 너무 무섭구나. 그를 자극하지 마라.

그래도 모양 빠지게 줄행랑은 좀……

사천 제치부사 여문덕이 중경에서 구원을 와 포위를 뚫고 악주성으로 들어갔습니다.

잘됐습니다!

근데, 명색이 내가 주장인데 아무런 공도 세우지 못하면 폐하께 뭐라고 보고하지?

여문덕이 대단하구나!

295

몽고군이 용맹스럽지만 병사가 적어 충분히 승산이 있습니다.

오, 그래?

좋다. 내일 전군이 출격해 몽고군에게 본때를 보여 주자!

돌격!

승상이 직접 구원을 왔다. 빨리 성문을 열어라!

예!

296

297

* 운제雲梯
바퀴 달린 수레에 긴 사다리를 탑재한 공성용 병기.

승상, 괜찮으십니까?

하마터면 죽을 뻔했다.

안 괜찮아!

승상은 뒤에서 지휘하십시오. 일선은 저희 장수들이 지키겠습니다.

그래, 그래.

송경, 이리 와라.

오늘밤 쿠빌라이를 찾아가서 군대만 물리면 어떤 조건도 다 들어주겠다고 전해라.

알겠습니다.

몽고 진영

蒙

蒙

학경, 몽고 귀족들이 아리부가를 칸으로 추대하려 한다고 편지가 왔소.

이는 한시도 지체할 수 없는 일이니 서둘러 군대를 돌리십시오.

그대도 그리 생각하는군.

왕자님, 송의 사자가 찾아 왔습니다.

쿠빌라이 왕자께 화친을 청하러 왔습니다.

군대만 물리면 송에서 매년 은 20만 냥과 비단 20만 필을 바치겠습니다.

내가 철군 하기만 하면 은과 비단을 바친다고?

그렇습니다!

이게 웬 횡재냐!

돌아가서 가사도에게 화친이 성립됐다고 전해라.

네?

이리도 쉽게?!

300

쿠빌라이가 화친에 동의했다고?

WOW~

네. 제 눈으로 직접 몽고군이 행랑을 꾸리는 모습을 목격했습니다.

잘됐구나. 네가 큰 공을 세웠다!

승상, 기뻐하기에는 이릅니다.

유정, 무슨 일인가?

몽고 내부에 변고가 생겨 쿠빌라이가 반란을 평정하러 돌아갈 예정이었다고 합니다.

뭐?

다… 당했다

쌍방이 비긴 전투에 그렇게 많은 은과 비단을 바쳤으니 폐하가 아시면 큰일입니다.

그… 그럼 어찌한단 말이냐?

소식을 묻어 버리십시오.

승상이 대승을 거두고 몽고군을 격퇴했다고요.

그거 좋은 방법이다!

조정의 의심을 피하기 위해 몽고군 후미를 급습하고 포로도 몇 명 잡으십시오.

오, 기발하구나!

가사도는 송 이종에게 악주에서 대승을 거두었다고 허풍을 떨고, 쿠빌라이가 조공을 요구하러 보낸 사자를 가두어 두었다. 다행히 쿠빌라이가 내란으로 바빠 남송을 돌아볼 여유가 없어 가사도는 위기를 모면했다.

니나노~

가사도의
공전법 개혁

몽고의 1차 남침 때 송군 총사령관을 맡은 가사도는 전쟁 중에 나라가 매우 허약함을 깨닫고 개혁에 착수하기로 마음먹었다.

이 농지의 무畝당 생산량은 얼마나 되나?

풍년일 때는 세 섬이고, 흉년에는 한 섬이 조금 넘습니다.

생산량이 이렇게 많은데 왜 세금을 안 내느냐?

억울합니다요. 소인은 매년 세금을 내고 있습니다!

그런데 왜 국고에는 돈이 없고 군대에는 식량이 모자란 것이냐?

소인들은 세금을 지주에게 내지 나라에 내지 않습니다.

너희 지주는 땅을 얼마나 가지고 있느냐?

엄청나죠!

끝도 안 보이는 이 땅이 다 그의 것이라고?

대체 얼마나 넓은 거야?

이랴!

승상!

다다다

304

워~워~

반나절을 달려서야 경계에 도착했구나.

땅이 정말 넓군요.

헥헥

어? 경계선 맞은편 농지에 사람이 있네.

보거라, 이 땅은 너희들 소유냐?

장난하십니까? 토지는 몇몇 지주가 다 가지고 있는데 우리 땅이 어디 있습니까?

농담이시죠?

이 땅은 이곳 왕 어르신의 소유입니다.

그럼 생계는 어찌 꾸리느냐?

풍년에는 배고 프지만 굶어 죽진 않고 흉년이 들면 사방을 떠돌죠.

이에 가사도는 토지 제도를 개혁해 국가 재정을 늘릴 방안을 강구했다.

말씀하신 문서들을 가져 왔습니다.

낑 낑

됐다. 이것들을 보니 갑자기 머리가 아프구나.

대지주들이 세금을 얼마나 냈는지 찾아 봐라.

찾을 필요도 없이 아주 적겠죠. 그렇지 않으면 국고가 텅 빌 리 없잖습니까?

휘릭~

306

백성에게 토지가 없는 것이 나라가 허약한 근본 원인이다!

쾅— 쾅

지주들의 토지 일부를 사들여 백성에게 농사 짓게 하면

이들이 나라에 직접 세금을 내고 농지도 빼앗길 일이 없다.

허나 지주들 뒤에는 관원들이 버티고 있어서 그들의 신경을 건드리게 될 텐데요.

나라가 망하게 생겼는데

그딴 관원이 대수일까!

우리 군사들이 몽고군의 상대가 안 되는 근본적인 이유는

배불리 먹지 못하기 때문이다.

위풍당당

꼬르륵~

307

폐하, 공전법*을 실시하여 개인의 토지 소유량에 상한선을 두고 초과하는 땅은 나라에 팔게 해야 합니다.

송이종

승상이 나라를 위해 애쓰는 건 알지만 그게 가능한 조치입니까?

신은 반대합니다. 토지 겸병 억제 정책은 왕조마다 시행했지만

백성에게 해만 끼치고 실효를 거두지 못했습니다.

반대1

이 일을 경솔히 처리했다간 민간에서 폭동이 일어날지도 모릅니다.

반대2

반대3

폐하도, 승상도 다시 한 번 고려해 주십시오.

승상, 다들 반대하니 나중에 다시 얘기해 봅시다.

윽!

* 공전법公田法
1263년 가사도가 행한 민전 매수정책으로 지주로부터 토지를 국가가 매수하여 공전으로 하고 소작인에게 대여해 군량미를 확보하려 했으나 지주들의 반대로 이듬해 중지되었다.

308

가사도는 틈날 때마다 이종을 찾아가 공전법 시행을 건의했다.

폐하, 공전법 시행에 관한 일을 ……

또 또 공전법 타령이군.

짐도 승상을 지지하지만 대신들이 반대하지 않소?

저들은 전장에 가 보지 않아서 심각성을 모릅니다. 송은 이미 군량을 대기도 어려운 형편입니다!

그 정도로 심각한 거요?

이번에 신이 몽고를 격파했지만 다음에는 승리를 장담할 수 없습니다.

하지만 개혁에 나서면 몽고가 쳐들어오기도 전에 자중지란에 빠질까 걱정이오.

다 나라를 위한 일인데 폐하께서 반대하시면 신은 사직하겠습니다.

좋소. 그럼 먼저 양절 지방에서 시행해 보고 효과가 있으면 전국으로 확대하시오.

신이 솔선해 밭 1만 무를 내놓겠습니다.

개혁을 반대하는 사람이 많으니 몸조심하시오.

명심하겠습니다!

1263년, 가사도는 이종의 재가를 받아 시범적으로 공전법을 실시했다.

저기에 공고문이 붙었어. 봐!

조정에서 무슨 조치를 발표했나 보군.

310

농지가 2백 무 이상인 자는 그중 3분의 1을 국가에 팔라는 어명이 내렸다. 농지가 없는 백성은 관가로 가 땅을 수령하라.

우리에게 토지를 나눠 준다니, 듣던 중 반가운 소리네!

일반 백성 중에 땅을 2백 무씩 가진 사람이 어디 있어? 관리들이나 있지.

대인, 백성들이 공전법에 기대가 아주 큽니다.

하지만 나라에 돈이 어디 있어서 땅을 사나요?

돈이 없으면 지폐를 찍어 내면 된다!

지폐를요?

지폐를 함부로 찍어내다간 나라 경제가 혼란에 빠집니다!

아시잖습니까!

그래도 어쩔 수 없다. 나라에서 군량미를 대지 못하면 앉아서 몽고에게 멸망 당하고 말아.

그치만…

그대는 농지 6천 무를 보유했으니 나라에 2천 무를 팔아라.

내 피와 살 같은 땅을 그럴 순 없지!

대인, 제 작은 성의입니다. 사양하지 말아 주십시오.

오호! 작은 성의 좋지.

융통성을 발휘해 주시면 제 조카가 형부에서 관리가 된 뒤 꼭 보답하겠습니다.

음, 그럼......

그대는 농지가 6백 무니 2백 무를 바치도록 해라.

감사합니다, 대인!

안 줘, 못 줘!

양 대인, 나도 나라에 땅 1만 무를 바쳤는데 왜 나라를 생각하지 않으시오?

승상, 같은 조정 관료끼리 핍박이 너무 심하시오!

아오, 내 땅!

다 나라를 위한 일인데 못 내놓겠다면 강제로라도 빼앗을 수밖에!

흥, 승상이 찍어낸 지폐야말로 휴지 조각이오!

옥신각신

이러면 대놓고 뺏는 것과 뭐가 다릅니까?

그대의 동의는 필요 없소!

내 땅은 목숨을 걸고라도 지킨다!

반역을 하겠단 말입니까?

가사도의 공전법 개혁은 많은 문제를 낳았음에도 불구하고 일정 부분 효과를 거두었다. 몽고가 유라시아 대륙 절반을 정복한 상황에서도 남송은 어쨌든 10여 년을 버텨냈다.

314

양번 전투, 남송의 최후 보루가 무너지다

몽고군은 1267년부터 장장 6년 동안 양번을 포위 공격했다. 남송은 이정지를 대장으로 삼아 여러 차례 양번을 구하려 했지만 번번이 실패로 돌아갔다.

장순, 장귀! 몽고의 방어선을 돌파해 양번에 원조 물자를 보내는 임무를 너희에게 맡기겠다.

너희에게 주는 3천 군사는 각지에서 모집한 정예병이다. 이번에 성공하지 못하면 양번을 구할 수 없다.

옙, 염려 마십시오!

저와 장순이 꼭 임무를 완수하겠습니다!

이번 양번 구원 임무는 대단히 위험하다. 다들 필사의 각오로 무장하라!

원하지 않는 자는 지금 당장 떠나도 좋다!

아자!

만 번 죽는 한이 있어도 양번을 꼭 구하겠습니다!

아자!

장군, 몽고 배가 앞을 가로막고 있습니다.

316

얍!

으악!

장순 장군이 몽고군의 칼에 그만……

아…

적을 섬멸해 장순을 위해 복수하자!

와아!

송군이 눈에 핏발을 세우고 덤벼 아군의 피해가 막심 합니다.

빨리 철수해라!

장귀가 거느린 송군은 일치단결해 마침내 몽고군의 포위를 돌파했다. 양번은 원래 양양과 번성 두 개 성으로 장강을 사이로 마주보고 있었다.

오시느라 수고가 많았소.

그간 얼마나 힘드셨습니까?

양번 태수 여문환의 절을 받으시오.

이러시면 제가 불편합니다.

양번이 포위된 지 5년 만에 지원병을 얻었구려.

성을 견고하게 지킨 태수님이 존경스럽습니다.

쌀과 소금, 베와 비단을 싣고 왔으니 장병들에게 나눠 주십시오.

장 장군이 도착하자 군사들의 사기도 크게 올랐소.

잘됐군요.

허나, 몽고군의 압박이 심해 이 지원군으로는 턱도 없습니다.

장 장군의 말이 맞소.

외부와 통하는 길을 만들어 더 많은 물자를 얻어야만 양번을 지킬 수 있소.

제가 범문호와 약속을 잡아 몽고군을 격퇴하고 길을 열겠습니다!

장귀는 야밤을 틈타 범문호와 약속한 장소로 출병했다.

다들 숨을 죽여라. 몽고군에게 늦게 발견될수록 포위를 뚫을 확률도 높다.

장군, 몽고군이 뒤를 쫓아옵니다!

벌써 우릴 발견하다니!

화살 발사!

슝슝-

쉭쉭-

싸움에 연연하지 말고 용미주로 가 우군과 합류해라!

탁!

송군이 달아납니다.

알겠다. 명을 내리마.

달아나지 못하게 빨리 추격하라!

두ー 둥ー

보십쇼. 앞에 군대가 있습니다.

아, 다행이다. 아군이 제때 와주었어.

범문호가 응전하러 왔다. 빨리 배를 가까이 대라!

하하, 장귀
너는 계략에
걸렸다!

범문호는
어디 간 거냐?

보면 몰라?
그 머저리는
벌써 달아났지.

이런 매국노!
유정, 너는
한족이면서
어찌 적을 돕는
단 말이냐?

가사도가 전권을
쥐어서 상벌이 불공
평하기 때문이다. 너
도 쓸데없이 목숨을
버리지 마라!

이렇게 된
바에야 의를
위해 목숨을
바치겠다!

저희도
장군을 따르
겠습니다!

적을
죽여라!

와—

이때 뒤를 쫓던 몽고군
까지 합세하니……

상륙해
송군을 협공
하라!

장귀도
죽었으니 여
태수는 항복
하시오!

이런…

아, 대세는 이미 기울었구나.

적을 최대한 많이 죽여 장 장군을 위해 복수하자!

충심으로 따르겠 습니다.

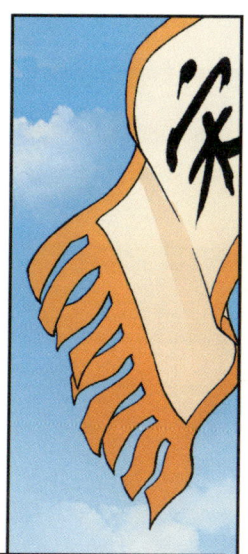

전에 승상이 변경이 아주 평화롭다고 말했는데 왜 짐 귀에 몽고가 양번을 공격한다는 얘기가 들리는 것이오?

그… 그게 무슨 말씀인지?

양번 전투에서 송군은 무력하게 패배했다. 승상 가사도는 책임을 추궁당할까 두려워 송 도종度宗에게 일부러 이 사실을 숨겼다.

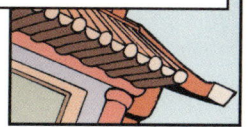

그럴 리가요? 몽고군은 벌써 철군했습니다.

누가 그런 말을 합니까?

궁녀에게 들은 얘기요.

그 궁녀가 폐하의 주의를 끌려고 거짓말을 한 게 분명합니다.

음, 그럴 수 있겠군.

승상이 있는데 짐이 무슨 걱정이 있겠소?

하하하

1273년, 양번 태수 여문환은 외부 지원이 끊기자 어쩔 수 없이 성을 바치고 투항했다. 이로써 남송의 가장 중요한 방어선이 마침내 무너졌다.

육수부가 바다에
몸을 던지다

1275년, 몽고(이미 국명을 '원'으로 고쳤다)군이 파죽지세로 도성인 임안까지 쳐들어오자 사태후는 다섯 살 난 송 공종恭宗을 이끌고 투항했다. 이때 장세걸, 육수부 등이 복주에서 겨우 여덟 살 된 조하昰를 황제로 옹립했다.

지금 국난이 닥쳐 폐하를 이런 누추한 곳에 모시게 돼 송구합니다.

육 승상, 잠깐이야 머물겠지만 언제쯤 임안으로 돌아갈 수 있소?

그건……

원군이 쳐들어 옵니다!

장세걸, 전선에서 싸우지 않고 왜 돌아왔소?

아군이 이미 원군에 패해 폐하께 이곳을 뜨시라고 알리러 왔습니다.

수군이 아직 건재하니 당황하지 마시고 잠시 해상으로 피하십시오.

대부분이 새로 모집한 군사들이라 열정만 있지 훈련이 안 돼 있었습니다.

헉!

신이 맹세코 폐하를 보위하겠습니다!

빨리 가시죠!

아, 이렇게 바다를 유랑하는 건가!

하늘이 송을 버리지는 않겠지?

328

우리가 정말 임안으로 돌아갈 수 있소?

분명히 돌아갈 겁니다.

전에 금이 남침했을 때 고종 황제도 바다를 떠돌다가

송을 중흥했습니다.

들거라! 다들 기운을 내면 나라를 되찾을 수 있다!

그래, 낙담할 필요는 없어!

나라를 되찾자!

승상에게 다 생각이 있으시다!

329

쌩쌩—

쌩—

웩!

철썩—

지… 짐은
안 되겠소
……

먼저 육지로
가 풍랑을
피하시지요.

철썩—

철썩—

배를
내려라!

뭘 꾸물대느냐. 빨리 폐하를 구하지 않고!

예!

풍덩

풍덩

폐하, 정신 차리십시오!

윽……

폐하… 천만다행 입니다.

변고를 겪은 조하는 얼마 못 가 병사했다. 육수부 등은 여섯 살 난 조병趙昺을 다시 황제로 옹립하고 섬인 애산 일대에서 항원 투쟁을 전개했다.

장홍범이 이끄는 원군이 쳐들어옵니다!

이제 어쩌면 좋소?

신이 목숨을 걸고 저들과 싸우겠습니다!

원군이 큰 배로 바다를 봉쇄했으니 포위를 뚫고 육지로 오르시죠!

육지에 오른들 상황이 나아지겠느냐!

오늘 원군과 일전을 불사하겠다!

원군이 공격해 옵니다!

오냐, 오늘 끝장을 내 주자!

송군이 바다를 표류하느라 체력이 좋지 않을 것이니 승리가 바로 코앞이다!

와-

와-

와-

이얍!

으악!

아, 송군을 너무 과소평가했어.

쟤네는 뭘 먹고 저리 힘이 나는 거야?

철수 하라!

고생했다. 다들 휴식을 취하고 다음 전투를 준비하자.

이건 무슨 노랫 소리지?

원군도 지쳐서 연회를 여는 게 분명하다.

그렇겠죠?

원군이 기습해 들어옵니다!

뭐라고?

와-

계략에 빠졌다!

원군이 음악 소리로 우리를 안심시킨 것이었군요.

이제 가망이 없으니 포위를 뚫고 달아나자.

폐하께 가서 이 사실을 알려라!

예!

불안   초조

전황이 어떤지 모르겠는데 마음이 계속 불안합니다.

그런 말 마시오. 승상이 그러면…

폐하, 육 승상, 지금 포위를 뚫으려 합니다!

포위를 뚫는다고? 그럼 우리가 졌소?

그런듯 하옵니다 ……

원군에게 겹겹이 포위되어 이를 뚫기란 불가능합니다.
폐하께서 원군에 잡히면 공종 황제처럼 수모를 당할 것입니다.

나라의 운명이 다했으니 폐하는 순국하십시오!

승상 ……

좋소. 짐도 더 이상 바다를 떠다니긴 싫소.

잡혀간 문천상의 시가 떠오르는구나. "사람은 예부터 어느 누가 죽지 않았던가. 일편단심을 남겨 역사에 빛나게 하리라."

조병이 죽으면서 남송 왕조도 멸망했다. 이후 역사는 몽고인이 통치하는 원나라로 접어들었다.

폐하, 승상……!

휘 익~

철썩~

죽음으로 절개를 지킨 충신, 문천상

문천상은 남송 말기의 충신이다. 항원 투쟁을 여러 차례 전개했지만 결국 실패해 포로로 잡혔다.

문천상, 폐하가 충신인 그대를 죽이지 말라고 하시네.

남송이 이미 멸망해 충성을 바칠 주군이 없으니 나처럼 투항 하게나.

어때?

퉤!

꺼져라! 송이 망한 건 다 너 같은 역적 때문이다!

유몽염, 넌 어쨌든 송의 재상이었는데 무슨 낯으로 강동의 부로들을 보려 하느냐?

쳇! 기껏 생각해서 말해줬더니.

흥! 언제까지 고고한 척 버티나 두고 보자!

사람이 자고로 죽지 않는 자가 어디 있던가. 일편단심을 남겨 역사에 빛나게 하리라.

철컥

또 누가 투항을 권유하러 왔는가?

문…… 승상……

폐하!

340

폐하께서 임안에서 원에 항복한 이후 많은 수모를 당하셨군요.

문 승상, 짐, 아니 난 ......

송 공종

어쨌든 군신의 예를 폐할 수는 없습니다.

저는 폐하의 투항 권유를 따를 수 없습니다. 항명을 피하기 위해 오늘 못 뵌 걸로 하시죠.

흑흑 ......

폐하, 돌아가십시오!

몸조심
하시오!

으아악!

문천상,
나와라!

패라 승상이
친히 심문할
것이다!

저벅

저벅

흥, 죽이려면 빨리 죽여라! 무슨 심문이냐?

꿇어!

못 꿇는다!

승상 앞에서 빨리 무릎을 꿇어라!

죽어도 못 꿇는다!

됐으니 그만해라.

일이 이렇게 됐는데 할 말이 있소?

내 무슨 할 말이 있겠소?

예로부터 나라는 흥망이 있는 법. 나는 송의 신하이니 빨리 죽길 바랄 뿐이오.

나라에 흥망이 있다면 반고부터 지금까지 모두 제왕이 몇 명인지 말해 보시오.

그런 잡담으로 당신과 시간을 허비할 생각이 없소.

뭐? 잡담!

송 공종도 항복했는데 너희들이 새로 왕을 세우고 저항하는 게 충정이란 말이냐?

나라는 황제보다 더 중요하다. 새로 왕을 세워 나라를 일으키는 건 당연히 충성이다!

충성이 아니라 마지막 발악이겠지! 절대 성공할 수 없다!

내가 널 쉽게 죽일 것 같으냐. 모진 고통을 얼마나 더 버티는지 두고 보자!

나는 신하의 책임을 다할 뿐. 죽음을 원하니 더는 쓸데없는 말을 하지 마라!

이……

콸콸~

하늘과 땅
사이에 정기가
있어서

온 우주를
가득 채운 이
정기가 일월과
산천이 되고

위난이 닥쳤을 때 절개를 드러내는 사람과 그들의 업적은 길이 남으리.

동고, 소무, 장순, 관녕, 제갈량 …… 그들의 절개를 깊이 존경하네.

이 영웅들은 이미 갔지만 내 의지를 더욱 굳건히 해 주네.

문천상은 이 토굴 감옥에 3년 동안 갇혀 있었다. 이때 민간에서 기의가 일어나면서 문천상을 구하고 송을 회복하자는 구호를 외쳤다.

원 세조 쿠빌라이는 문천상이 위험한 존재라고 생각해 직접 투항을 권유했다.

그대가 투항하기만 하면 원의 재상에 봉하겠소.

나는 송의 신하인데 어찌 두 나라를 섬기라고 하십니까?

내가 죽지 않으면 이미 저 세상으로 간 충신과 열사를 볼 낯이 없소이다!

이런…

재상이 싫다면 추밀사는 어떻소?

난 죽음을 원할 뿐이니 다른 말은 마시오.

충신이로세―

휴, 짐에게도 그대 같은 신하가 있으면 좋으련만……

그대가 절개를 지키도록 해 주리다.

감사합니다!

347

오늘 누구를 처형하는데 사람들이 이렇게 많아?

절개를 지켜 죽음으로 뜻을 펼친 송의 문 승상이잖아!

송이라고?

송이 망한 지 언젠데 아직까지 충심을 다하다니. 정말 존경 스러워.

존경 받을 만한 분이지.

문 승상 ......

문 승상 ......

348

저벅

저벅

어디가 남쪽이냐?

저쪽 입니다.

안녕히, 내 고국이여!

둥둥둥

문 승상, 아직도 죽음을 면할 기회는 있습니다.

그만 됐다. 어서 목을 베라.

아, 내 나라 송이여!

문 승상, 죄송합니다!

1283년, 문천상이 형장의 이슬로 사라진 때 나이는 47세였다. 그는 비록 송의 멸망을 구하지는 못했지만 굳은 절개로 천고에 이름을 남겼다.

다음 권에 계속됩니다…